检察研究

PROCURATORIAL STUDY

2022年·第1辑

江苏省人民检察院◎组织编写

编委会主任◎刘华

法律出版社
LAW PRESS·CHINA

北京

图书在版编目(CIP)数据

检察研究. 2022 年. 第 1 辑 / 江苏省人民检察院组织编写. -- 北京 : 法律出版社, 2022
ISBN 978 - 7 - 5197 - 6890 - 4

Ⅰ. ①检… Ⅱ. ①江… Ⅲ. ①检察机关 - 工作 - 中国 - 文集 Ⅳ. ①D926.3 - 53

中国版本图书馆 CIP 数据核字(2022)第 119849 号

《检察研究》2022 年第 1 辑
《JIANCHA YANJIU》2022 NIAN DI 1 JI

江苏省人民检察院 组织编写

责任编辑 许 睿
装帧设计 李 瞻

出版发行 法律出版社
编辑统筹 司法实务出版分社
责任校对 朱轶佳
责任印制 胡晓雅
经 销 新华书店

开本 787 毫米×1092 毫米 1/16
印张 7.5 **字数** 151 千
版本 2022 年 3 月第 1 版
印次 2022 年 3 月第 1 次印刷
印刷 永清县金鑫印刷有限公司

地址:北京市丰台区莲花池西里 7 号(100073)
网址:www.lawpress.com.cn
投稿邮箱:info@lawpress.com.cn
举报盗版邮箱:jbwq@lawpress.com.cn

销售电话:010 - 83938349
客服电话:010 - 83938350
咨询电话:010 - 63939796

书号:ISBN 978 - 7 - 5197 - 6890 - 4
定价:35.00 元

凡购买本社图书,如有印装错误,我社负责退换。电话:010 - 83938349

目录 Contents

案例研究

学术综述

企业合规

企业刑事合规的检察实践反思与完善路径
——以侵犯公民个人信息罪为例

秦宗文　张卓妮*

摘要：检察机关推动企业刑事合规改革，以平等保护民营经济、优化法治营商环境为政策目标；以积极预防企业犯罪、多元共治企业犯罪为司法目标。然而，刑事合规的检察实践与上述目标仍有一定距离。以侵犯个人信息罪为切入点，笔者经研究发现，当前刑事合规实践中存在以下问题：合规相对不起诉的适用范围过窄；其整改作用有限；惩罚企业家对企业有不利影响；检察机关缺少差异化的合规启动评估标准；合规监督端口后置。在完善路径上，检察机关在事前阶段应不缺位、不越权，制发相关社会治理类检察建议与合规指引，完善行刑衔接机制。在事后阶段，检察机关应准确区分企业的罪与非罪；灵活运用相对不起诉，探索企业附条件不起诉；对企业与企业家同时不起诉；大型企业应实现范式合规，中小企业应实现简式合规。

关键词：企业刑事合规　中小企业　合规不起诉　检察机关　参与社会治理

一、问题的提出

2020年3月，最高人民检察院开启企业刑事合规不起诉试点工作，确认6个基层检察院为试点单位，合规开始具备不捕、不诉等新内涵。① 2021年4月，最高人民检察院发布《关于开展企业合规改革试点工作的方案》，扩大试点范围，要求试点单位督促涉案企

* 秦宗文，南京大学法学院教授，博士生导师；张卓妮，南京大学法学院诉讼法专业2020级硕士研究生。

① 本文所述“合规”，若无特殊说明，均指企业刑事合规。

业作出合规承诺并积极整改落实。[1] 其虽暗含企业附条件不起诉的可能性，但各单位仍持谨慎态度，尽量在认罪认罚和相对不起诉的法定空间内开展工作。为回应改革的现实需求，理论研究或聚焦于宏观制度建构，例如，企业附条件不起诉制度；[2]或在现行法基础上完善合规检察建议等合规模式；[3]也有学者将合规融入单位犯罪、风险刑法等实体法理论。[4] 企业犯罪类型多样，既有研究却大多较为宏观，其概括性的解决方案可能导致司法实践对其借鉴程度有限。且合规改革日新月异，需要不断总结实践经验。

故而，本文首先分析检察机关推动合规欲实现的制度目标，随后以侵犯公民个人信息罪为例总结合规在检察实践中的问题。该罪既是检察机关强化违法行为源头治理的重点罪名，[5]又有合规的实践空间和经验。目前，已有试点单位对涉该罪名的企业作出不起诉决定。[6] 从个罪的问题出发，本文进而提出合规的完善方案，以期对合规改革有所裨益。

二、检察机关推动企业刑事合规的制度目标

作为改革的先驱和主导者，检察机关对合规在司法领域的推进方式、进度调控和领域调整均有较强影响力。[7] 一项制度的产生和推进，常以制度主导者欲实现的目标为动力来源。透过检察机关推动合规的制度目标，可以更精准地定位合规在运行过程中的问题，从而作出合理的制度调整。

（一）平等保护民营经济、优化法治营商环境的政策目标

检察权会随着不同时期的国家任务、各项制度的变革进行动态调整。[8] 在国家治理体系和治理能力现代化背景下，检察机关的法律监督职能已经由传统的审查起诉延伸至新型的参与社会治理。2021 年 6 月，党中央印发《中共中央关于加强新时代检察机关法律监督工作的意见》，这在百年党史中是第一次。其中提到，检察机关应“充分发挥法律

---

① 《最高检下发工作方案　依法有序推进企业合规改革试点纵深发展》，载最高人民检察院网上发布厅 https://www.spp.gov.cn/spp/xwfbh/wsfbt/202104/t20210408_515148.shtml#1，最后访问日期：2021 年 4 月 8 日。

② 陈瑞华：《刑事诉讼的合规激励模式》，载《中国法学》2020 年第 6 期；杨帆：《企业合规中附条件不起诉立法研究》，载《中国刑事法杂志》2020 年第 3 期；时延安：《单位刑事案件的附条件不起诉与企业治理理论探讨》，载《中国刑事法杂志》2020 年第 3 期；李勇：《企业附条件不起诉的立法建议》，载《中国刑事法杂志》2021 年第 2 期；等等。

③ 李奋飞：《论企业合规检察建议》，载《中国刑事法杂志》2021 年第 1 期；谢登科、张赫：《论刑事合规不起诉中的检察建议——以最高人民检察院第 81 号指导性案例为视角》，载《青少年犯罪问题》2021 年第 3 期；赵恒：《涉罪企业认罪认罚从宽制度研究》，载《法学》2020 年第 4 期；李玉华：《以合规为核心的企业认罪认罚从宽制度》，载《浙江工商大学学报》2021 年第 1 期；等等。

④ 孙国祥：《刑事合规的刑法教义学思考》，载《东方法学》2020 年第 5 期；李本灿：《我国企业合规研究的阶段性梳理与反思》，载《华东政法大学学报》2021 年第 4 期；等等。

⑤ 参见《最高人民检察院关于印发〈最高人民检察院关于充分发挥检察职能服务保障“六稳”“六保”的意见〉的通知》（高检发〔2020〕10 号），2020 年 7 月 22 日发布。

⑥ 参见《北京：由更多数量到更高质效》，载《检察日报》2021 年 8 月 15 日，第 3 版。

⑦ 参见董坤：《论企业合规检察主导的中国路径》，载《政法论坛》2022 年第 1 期。

⑧ 参见周新：《论我国检察权的新发展》，载《中国社会科学》2020 年第 8 期。

监督职能作用,为大局服务、为人民司法";"服务保障经济社会高质量发展"。[①] 自疫情以来,检察机关更加注重服务大局,保障国家政策的有力推进。纵观合规进程,国家要平等保护民营经济,优化法治营商环境,降低企业刑事风险,这也成为检察机关推动合规改革的政策目标,甚至是合规在我国得以获得活力和张力的根源。

在改革正式启动前,为了促进涉诉企业复工复产,各地检察机关纷纷清理久拖不决的涉民营企业"挂案",同时对企业慎用财产强制性措施。2022 年 2 月,检察机关又清理完成新一轮挂案,维护了企业的合法利益。[②] 清理挂案的检察工作,为合规改革奠定了良好基础。与此同时,检察机关对企业家进行羁押必要性审查,并允许部分处于矫正期的人员赴外地从事经济活动。[③] 企业家对企业经营至关重要,占绝大多数的中小企业家更是众多企业生命力之源泉。企业家的能力是稀缺的,而且其自身利益与公司、股东利益紧紧联系在一起,他们会尽力发挥潜能,追求企业利润最大化。[④] 要"营造理解企业家、关心企业家、爱护企业家的浓厚氛围,大力弘扬企业家精神,更好发挥企业家作用,造就优秀企业家队伍。"[⑤]这也是为何检察机关会慎捕、慎押企业家,由此使企业能够平稳运营。

在改革推进过程中,检察机关是服务保障民营经济健康发展的"老娘舅",对企业严管、厚爱,最大限度地保证企业正常生产经营。[⑥] 无论企业大小,检察机关都可以对其适用合规,以实现平等保护之目的,且合规整改措施均围绕企业自身经营开展。它明确了企业本质上是市场主体的基本认知,其具有厚重的经济特征。[⑦] 例如,检察建议的目标是督促企业减少经营漏洞;第三方监督评估机制的目标是防止纸面合规,引导企业有效建设;行刑衔接的目标是促进"合规互认",提高企业合规认同度……这一系列工作也与中共中央政治局提出的"六稳""六保"相呼应,尽力保障不同类型企业的经营活动。

综上,合规改革充分体现了检察机关可以协调多方利益、贯彻国家政策的政策优越性,体现了检察机关适度介入企业自治的履职创新性。由此可见,合规改革的制度目标,正是检察机关在参与社会治理的过程中,帮助企业减少刑事风险,协助企业消除隐患,并给已经进入刑事程序的企业和企业家出罪或从轻量刑机会,从而协助稳住经济基本盘、建设有利营商的法治环境,为企业帮扶纾困。

---

① 《中共中央关于加强新时代检察机关法律监督工作的意见》,2021 年 6 月 15 日。

② 参见孙风娟:《最高检:已清理完成新一轮涉民营企业刑事"挂案"》,载正义网 http://news.jcrb.com/jsxw/2022/202202/t20220215_2367079.html,最后访问日期:2022 年 2 月 15 日。

③ 参见《为民营企业送上更多"法治大礼包"》,载《检察日报》2020 年 6 月 23 日,第 1 版。

④ 参见高伟凯、王荣:《企业家能力与企业绩效》,载《现代经济探讨》2005 年第 10 期。

⑤ 陈敏尔:《深入贯彻习近平总书记重要讲话精神　更好地服务企业发挥企业家作用》,2020 年 7 月 24 日在重庆市委常委会会议暨市委理论学习中心组(扩大)专题学习会上的发言。

⑥ 参见邱春艳、李钰之:《张军:检察机关要做服务保障民营经济健康发展的"老娘舅"》,载最高人民检察院网 https://www.spp.gov.cn/tt/202010/t20201030_483573.shtml,最后访问日期:2020 年 10 月 30 日。

⑦ 参见董文蕙、杨凌智:《论我国企业犯罪治理模式之应然转变——以刑事合规为视角》,载《南昌航空大学学报(社会科学版)》2019 年第 4 期。

（二）积极预防企业犯罪、多元共治企业犯罪的司法目标

企业犯罪治理是社会治理域论下的一个综合工程，它包含打击、防范、教育、重建等多方面内容。在当下的风险社会中，企业之间竞争激烈，经营活动可预测性降低。相应地，风险刑法概念随之出现。风险刑法强调刑法的预防机能，并普遍增设抽象危险犯，扩张法益内容。[①] 然而，刑法对单位犯罪的规制愈加严格、繁复，过失犯罪可能性增大，司法机关对网络犯罪等新型犯罪的打击力度增强，这些都在客观上给企业制造了更多的刑事风险。这样的模式虽然也能以更严厉的惩治手段预防企业犯罪，但也可能导致刑法的机械运用，不仅难以实现理想的个案办理效果，还会导致企业在市场经济中束手束脚甚至倒闭。所谓"堵不如疏"，合规正是作为司法机关的检察机关，在单一的惩治犯罪外探索出的另一条犯罪治理之路。检察机关有维护国家长期利益、社会公共利益和个人利益的独特优势，这使它与作为行政利益维护者的政府，以及作为司法正义维护者的法院，有根本区别。[②] 检察机关可以充分利用这种优势，在维持自身司法职能的同时，将公共利益和合作理念融入犯罪治理中，实现犯罪预防目的。

一方面，检察机关在合规改革中依旧维持着其司法角色，并将合规制度与现有司法制度有机结合。正如龙宗智教授所言，"检察机关是司法机关，不能脱离诉讼职能，在此基础上要有延伸，但是要有度，要适度拓展、适度穿透"。熊秋红教授也提到，"不仅要明确精准监督的内涵，也要研究它的外延"。[③] 从实体法角度来看，合规并未超越现代刑法教义的基本归责逻辑。[④] 譬如雀巢公司员工侵犯公民个人信息案中，员工行为属于"非系统性企业犯罪行为"，企业通过"主观罪过免除模式出罪"。[⑤] 可见检察机关在企业合规案件的审查起诉中，依旧应当以犯罪构成要件、单位犯罪和过失犯罪等刑法概念判断企业的罪与非罪。从程序法角度来看，在合规案件中，检察机关会适当考量经济活动因素，将其与相对不起诉结合，贯彻宽严相济的司法政策。观合规实践，检察机关在试点工作中不仅保留了相对不起诉的法律优势，而且将企业的提供就业岗位能力等经济因素与企业犯罪手段、危害后果和犯罪动机相结合，对"社会危害性不大"作出了更为机动的判断。另外，比相对不起诉更进一步的是，检察机关会注重不起诉后的回访工作，达到"办理一案，治理一片"的示范作用。

另一方面，检察机关在合规中实现了司法理念的创新，与其他主体共同合作。在合规中，司法活动不再是司法机关的单方努力，它包含了共享、自治、合作、互惠与共赢。[⑥]

---

① 参见吕英杰：《风险刑法下的法益保护》，载《吉林大学社会科学学报》2013 年第 4 期。

② 参见陈瑞华：《论检察机关的法律职能》，载《政法论坛》2018 年第 1 期。

③ 蒋安杰：《高质量发展提高"检察软实力"的一次重要部署》，载《法治日报》2021 年 5 月 19 日，第 9 版。

④ 参见孙国祥：《刑事合规的刑法教义学思考》，载《东方法学》2020 年第 5 期。

⑤ 参见陈瑞华：《企业合规出罪的三种模式》，载《比较法研究》2021 年第 3 期。

⑥ 参见马明亮：《作为犯罪治理方式的企业合规》，载《政法论坛》2020 年第 3 期。

在企业已有刑事风险，但尚未犯罪时，检察机关会与其他司法机关、涉案企业及其内部人员、当地政府部门等多个主体协作，通过制发检察建议、发布指引等多种方式参与企业自治。检察机关还会监督其他主体，督促相关部门落实相关企业政策，从而避免企业不当行为给社会带来损害。在企业已涉嫌犯罪时，检察机关会监督侦查部门，主动介入侦查过程，与侦查部门开展个案会商，就证据收集、程序规范等问题提出建议。① 在企业可以通过合规出罪后，检察机关会听取第三方监管机构的意见，将其作为企业合规认定的重要依据。而且，社会治理强调多个行为主体的分工协作，其治理网络的形成与作用的发挥，需要多个行为主体的自觉互动，而不能靠外部力量的强加。② 检察机关在参与社会治理时，不是机械消极地监督其他主体，而是与它们自觉互动，结成一定程度的合作关系，从而形成良性的合规氛围。

综上，合规改革体现了检察机关在法治框架内积极预防犯罪、正确入罪、合理出罪的司法目标。同时，检察机关又有了创新的"合规司法观"。在合规司法语境下，法律的适用围绕预防犯罪之目的展开；社会不同主体也在检察机关主导下加入治理犯罪进程中。

三、企业刑事合规的检察实践难题

改革至今，合规已取得一定成效。不过，随着实践的逐步深入，检察机关在履职时面临一些亟待解决的疑难问题。这些问题使以上合规的制度目标没能得到有效实现。

（一）合规相对不起诉的适用范围过窄

目前检察机关以相对不起诉为基础开展合规，即对于"犯罪情节轻微"、依照刑法规定不需要判处刑罚或者免除刑罚的，可以作出不起诉决定。检察机关现有两条合规相对不起诉路径：一是相对不起诉，并制发检察建议，监督企业合规；二是先行暂缓起诉，制发检察建议，根据企业后续整改情况决定是否起诉。然而，犯罪情节轻微原则上限于企业责任人员可能被判处 3 年以下有期徒刑的案件，这也是绝大多数试点单位的办案规定。③ 这导致合规门槛过高，从而导致合规积极保护企业、帮助企业"起死回生"的政策目标难以实现。

以侵犯公民个人信息罪为例。违反国家有关规定，向他人出售或者提供公民个人信息，情节特别严重的，处 3 年以上 7 年以下有期徒刑，并处罚金。④ 根据《最高人民法院、

---

① 参见《最高人民检察院关于印发〈企业合规典型案例（第二批）〉的通知》，2021 年 12 月 8 日最高人民检察院发布。案例二"张家港 S 公司、睢某某销售假冒注册商标的商品案——介入侦查认定'挂案'性质，积极引导涉案小微企业开展合规建设"。

② 参见向德平、苏海：《"社会治理"的理论内涵和实践路径》，载《新疆师范大学学报（哲学社会科学版）》2014 年第 6 期。

③ 有少数试点单位作出了突破性规定。如《深圳市南山区人民检察院企业犯罪相对不起诉适用机制试行办法》中规定，对于犯罪嫌疑人可能被判处 3 年以上 10 年以下有期徒刑的单位犯罪案件，也可适用合规不起诉。

④ 《刑法》第 253 条之一中相关规定。

最高人民检察院关于办理侵犯公民个人信息刑事案件适用法律若干问题的解释》(以下简称《解释》),企业违法行为极易符合“情节特别严重”,故不能适用相对不起诉。例如,非法获取、出售或者提供行踪轨迹信息、财产信息等 500 条以上的、或其他可能影响人身、财产安全的个人信息 5000 条以上的,为情节特别严重。[①] 司法实践中的侵犯公民个人信息行为,绝大多数远超该标准。本文以“北大法宝”为数据库,以“侵犯公民个人信息罪”为罪由、以“单位”“企业”等为搜索关键词,随机筛选 2015 年 6 月至 2021 年 6 月间 100 个企业侵犯公民个人信息案例。[②] 样本案例中,涉 5000 条信息以下的案件只占 10%,涉 5000—50,000 条信息的案件占 35%,涉 50,000 条及以上信息的案件占 46%。司法解释特殊保护的个人信息在司法实践中极其常见,上述案件中财产信息与联系方式信息共占比 51%;此外,其他常见受特殊保护信息还包括公民姓名、家庭住址和位置信息等。

(二)合规相对不起诉的整改作用有限

合规整改作用直接体现于企业自身,检察机关主要以不起诉激励涉案企业积极进行合规整改,完善自身管理体系。合规整改作用间接体现于社会利益,检察机关可以减少“水波效应”,保护公司的投资者、雇员等无辜第三人的利益。[③] 以侵犯公民个人信息罪为例,合规相对不起诉的两条路径中,合规整改的直接和间接作用均未得到充分发挥;故而,合规改革的促进企业服务经济、维护社会公共利益的制度目标也难以满足。

第一条路径中,相对不起诉与检察建议的刚性不足,从而导致企业的合规整改积极性不高、效果不佳。若企业侵犯个人信息,一旦检察机关决定不起诉,企业就已脱离刑事处罚。虽有检察建议作为后续督促方式,但其并非强制性手段,不会给企业带来实质惩罚。故而企业的合规整改积极性与整改效果很可能降低,整改流于形式化。企业的个人信息保护漏洞没有得到修复,会导致其未来经营活动中更多个人信息被侵犯,公共利益也会受到损害。

第二条路径中,已有检察机关认为企业合规整改不合格并提起公诉的案例。[④] 这虽减少了合规的“走过场”嫌疑,但个人信息保护体系建设需要时间和经济支撑,而相对不起诉的暂缓期限时长有限,没有为企业留足整改时间。可能企业的合规建设还未有进展,检察机关就不得不作出是否起诉的决定。故而,只要企业初步完成合规承诺,检察机关也倾向于相对不起诉;而不起诉后企业的进一步合规整改积极性较低、检察建议刚性不足等问题依旧存在。

---

① 《最高人民法院、最高人民检察院关于办理侵犯公民个人信息刑事案件适用法律若干问题的解释》第 5 条。

② 企业行为同时构成其他罪名的,没有计算在内。——笔者注

③ 参见陈卫东:《从实体到程序:刑事合规与企业“非罪化”治理》,载《中国刑事法杂志》2021 年第 2 期。

④ 参见卢志坚、陈颖、蔡楠:《涉案企业合规整改不是“走过场” 江苏宿迁宿城:对整改不合格的企业负责人依法提起公诉》,载《检察日报》2022 年 1 月 3 日,第 1 版。

为了解决上述问题，已有检察机关根据《刑事诉讼法》第 177 条，在决定合规相对不起诉后，将企业移送行政处罚。[①] 由于侵犯公民个人信息罪为空白罪状，该方法有广泛应用空间。这是因为《刑法》先行规制侵犯公民个人信息的行为，而本应是前置法的《个人信息保护法》刚刚施行，故而出现了行政法严于刑法的奇特现象。比如，《个人信息保护法》特别保护三类敏感个人信息：一旦泄露或非法使用，容易导致自然人的人格尊严受到侵害的个人信息；或容易导致其人身、财产安全受到危害的个人信息；不满 14 周岁未成年人的个人信息。[②] 但《解释》仅特殊保护第二类。不过，就企业侵犯个人信息行为，行政机关的惩处力度很大。[③] 若检察机关一律将企业移送行政处罚，极可能降低企业合规整改能力。

（三）惩罚企业家影响企业运营

在实践中，是否将涉案企业与企业家一并不起诉，存在两种截然不同的做法。在改革前期，检察机关倾向于同时对企业和企业家作出不起诉决定。有学者提出异议，认为一旦企业家所面临的刑事风险降低，其在企业活动中的责任心和谨慎态度也会打折扣。[④] 随着改革推进，越来越多的检察机关开始探索不起诉企业、起诉企业家。例如，上海市宝山区人民检察院仅对企业家从宽处罚。[⑤] 深圳市南山区人民检察院将起诉企业家作为一般做法。[⑥] 江苏也正在探索单位犯罪二元责任追究制度，将单位与个人责任分离。[⑦] 如此“放过企业，惩罚企业家”的做法与美国类似。美国司法机关会考察涉罪企业的内部合规机制，若企业业务活动中的触法行为是其组成人员的自然人行为，司法机关一般不会同时放过企业和企业家。[⑧]

然而，我国合规与美国合规的不同之处在于，我国企业的小家族式运营特点更为明显，企业家的违法行为与企业密切相连，企业家几乎等同于企业。以企业侵犯公民个人信息犯罪为例，样本案例中相关犯罪基本为故意犯罪。46% 的案例涉案人员为企业法定代表人，30% 的案例涉案人员为企业实际负责人，24% 的案例涉案人员为股东、监事、高

---

① 参见《最高检发布人民检察院行刑衔接工作典型案例》，最高人民检察院 2021 年 10 月 11 日发布。案例四“上海某电子科技有限公司、某信息技术有限公司涉嫌虚开增值税专用发票案”。

② 《个人信息保护法》第 28 条。

③ 《个人信息保护法》第 66 条第 2 款规定，“有前款规定的违法行为，情节严重的，由省级以上履行个人信息保护职责的部门责令改正，没收违法所得，并处五千万元以下或者上一年度营业额百分之五以下罚款……”

④ 参见黎宏：《企业合规不起诉：误解及纠正》，载《中国法律评论》2021 年第 3 期。

⑤ 《最高检发布企业合规改革试点典型案例》，载最高人民检察院网上发布厅 https://elksslcbb35318b9600995eae3f69c9c98a7caelksslpkulaw.casb.nju.edu.cn:4443/spp/xwfbh/wsfbh/202106/t20210603_520232.shtml，最后访问日期：2021 年 6 月 3 日。案例二“上海市 A 公司、B 公司、关某某虚开增值税专用发票案”。

⑥ 《深圳市南山区人民检察院企业犯罪相对不起诉适用机制试行办法》中规定，对于犯罪嫌疑人可能被判处 3 年以上 10 年以下有期徒刑的单位犯罪案件，在对犯罪嫌疑人提起公诉的同时，对经刑事合规监督考察合格的犯罪嫌疑企业可以决定适用不起诉。

⑦ 参见《企业合规改革走出“江苏节拍”》，载《检察日报》2021 年 12 月 26 日，第 3 版。

⑧ 参见黎宏：《企业合规不起诉：误解及纠正》，载《中国法律评论》2021 年第 3 期。

级管理人员,只有 4% 的案例涉及普通员工犯罪。由此可见,实践中企业家的行为是罪责的重要判断要素。如果主要行为人是企业高层,企业更易被认定为故意犯罪。

若将企业和企业家的责任完全分离,判处企业家实刑,不仅过分突破了单位犯罪的双罚制原则,而且会减少企业家这个稀缺资源,更会对企业造成难以逆转的损害。这无益于合规改革保护经济、稳定就业之制度目的。可见,是否惩罚企业家、惩罚应当轻或者重,只是表面问题。深层问题在于如何预防企业家犯罪,令他们在决策时避免刑事风险;在于如何让他们在企业犯罪后,积极参与到企业合规整改过程中,发挥其对社会的正向作用。

(四)检察机关缺少差异化的合规启动评估标准

截至 2021 年 11 月,第二期合规改革试点单位共办理涉案企业合规案件 525 件,其中适用第三方监督评估机制案件 254 件。① 第三方机制的应用已逐步深入实践。《关于建立涉案企业合规第三方监督评估机制的指导意见(试行)》(以下简称《指导意见》)规定,检察机关可根据案件情况将企业的合规承诺交由第三方机构考察,其考察结果是检察机关不起诉决定的重要依据。② 由此可见,检察机关担负着启动合规的重任。《指导意见》规定了三条合规启动评估标准:涉案企业、个人认罪认罚;自愿适用第三方机制;该企业能够正常生产经营,承诺建立或完善企业合规制度,具备启动第三方机制的基本条件。③

前两条不难判断,故而企业的经济能力自然会成为检察机关的重点考察对象。若一味考虑企业经营条件对合规的影响,极可能导致合规向大型企业倾斜,中小企业被排除在外。④ 例如,检察机关需观察企业规避过失风险的能力,以此判断其合规能力。企业既能培训内部员工如何正确处理个人信息,又要有技术防止企业所有的信息被爬虫等外部技术盗窃。这对于中小企业来说有相当难度,但大型企业便有财力做到。雀巢公司员工侵犯公民个人信息案中,雀巢公司出示了《员工行为规范》等内部文件,证明其对员工有不得侵犯个人信息的要求及相关培训。法院据此认定部门经理郑某等人的侵犯个人信息行为属个人行为。⑤

此外,我国企业分散于不同行业,也给检察机关在适用该标准时带来难题。样本案例中,侵犯公民个人信息的企业集中在房地产和装修、网络和信息技术以及教育培训行

---

① 参见孙风娟:《最高检:办理涉案企业合规案件 525 件,适用第三方监督评估机制案件 254 件》,载正义网 http://news.jcrb.com/jsxw/2022/202202/t20220215_2367080.html,最后访问日期:2022 年 2 月 15 日。

② 《关于建立涉案企业合规第三方监督评估机制的指导意见(试行)》第 1 条。

③ 《关于建立涉案企业合规第三方监督评估机制的指导意见(试行)》第 4 条。

④ 《中小企业促进法》第 2 条第 1 款规定:"本法所称中小企业,是指在中华人民共和国境内依法设立的,人员规模、经营规模相对较小的企业,包括中型企业、小型企业和微型企业。"具体划分标准详见《关于印发中小企业划型标准规定的通知》(工信部联企业〔2011〕300 号)。例如,软件和信息技术服务业中,从业人员 300 人以下或营业收入 10,000 万元以下的为中小微型企业;房地产开发经营业中,营业收入 200,000 万元以下或资产总额 10,000 万元以下的为中小微型企业。目前工信部正在进行划型标准的修订工作。

⑤ 郑某等侵公民个人信息案,甘肃省兰州市中级人民法院(2017)甘 01 刑终 89 号刑事判决书。

业,共占71%,其余的分布在汽车、保险、商贸行业等。行业跨度大,其内部个人信息合规制度就会各不相同。检察机关若一味考虑企业生产经营能力,在评估时就很难做到因人而异。

在我国,中小企业数量庞大、行业分布广;合规案件中,中小企业也占绝大多数。尽管江苏已经开始探索小微企业简式合规,但它“简程序不降标准”。[①] 上海市金山区人民检察院设计的“范式—简式”两种模式也是以程序是否简化,而非标准是否不同,为区分标准。[②] 第三方机制的程序简化确实可以降低合规成本,但是若没有一个差异化的合规启动评估标准,中小企业将被直接拦在合规程序的大门外,合规改革也难以实现其平等保护民营经济的制度目标。

(五)合规监督端口后置

通过以上对合规改革进程的观察可以发现,目前改革集中关注企业犯罪后检察机关如何督促企业实现合规,改革的司法资源向合规不起诉倾斜,合规试点的检察监督端口后置。尽管检察机关也会制发合规指引、提前介入侦查等;但这些工作向来有之,与检察机关的合规不起诉等创新履职之间的衔接不足。这些都导致了合规改革的预防犯罪目标不明显。

合规不起诉虽然也是一种犯罪预防手段,但它相对忽略企业犯罪事前预防。如果仅依靠合规不起诉,检察机关很难从源头遏制企业犯罪。近年来,企业利用新型手段侵犯公民个人信息等违法行为层出不穷。而且企业侵犯公民个人信息行为往往与网络黑灰产业链、跨境电信网络诈骗犯罪等相联系,加大了检察机关的犯罪预防与惩治难度。如前文所述,企业犯罪主体多为中小企业。它们的各项合规能力有限,即使检察机关提供合规不起诉的机会,恐怕也常常有心无力。故而,企业负责人很可能选择接受起诉,并注销涉案企业,重新创业,不必付出个人信息保护合规成本。这会导致新创立的企业依旧有侵犯个人信息风险,无法在社会中形成良性循环。

刑事合规作为一个企业犯罪预防的新型模式,是对现行通过单一的刑罚惩治模式的有益补充。[③] 检察机关若要真正实现合规的预防犯罪目标,就需探索如何联系相关部门等多元主体,引导企业提前建立内部个人信息保护体系,实现企业自治,化解刑事风险。

四、企业刑事合规的具体完善路径

以检察机关推动合规改革的制度目标,联系合规的检察实践问题,或可获得一些启

---

① 参见《企业合规改革走出“江苏节拍”》,载《检察日报》2021年12月26日,第3版。

② 林中明:《亮点|上海金山区:探索企业合规整改第三方监管人机制》,载《检察日报》2021年4月13日,第3版。

③ 参见李本灿:《企业犯罪预防中合规计划制度的借鉴》,载《中国法学》2015年第5期。

发性回答。本文按照事前和事后两个阶段,以公民个人信息保护为例,将这些回答融入其中。其他企业犯罪的合规治理模式或可从中由小见大,得到一些有益借鉴。

(一)事前阶段的企业刑事合规完善路径

在风险社会中,企业随时可能有侵犯个人信息的刑事风险。检察机关可以与不同社会主体互动,帮助企业预防风险;依法适度参与事前合规,不缺位、不越权。

1. 检察机关综合行政与公益诉讼检察职能,制发个人信息保护的社会治理类检察建议

社会治理类检察建议是五类检察建议之一。[①] 通过此类检察建议,检察机关能够行使法律监督职权指导,督促相关主体完善社会治理。[②] 检察机关有刑事、民事、行政和公益诉讼检察四大检察职能。为了提高社会治理类检察建议的理论和实践可操作性,行政检察部门与公益诉讼检察部门可以参与个人信息保护的社会治理类检察建议制作。

行政检察部门熟悉侵犯个人信息的相关行政法规,有助于提高检察建议精准性。行政法律、法规细致规定了企业个人信息合规制度。《网络安全法》规定了健全用户信息保护制度等网络运营者保护个人信息义务;《数据安全法》设立了企业的数据安全保护义务与安全风险评估、报告、信息共享、监测预警和应急处置机制;《个人信息保护法》则规定了采取相应的加密、去标识化等安全技术措施的个人信息管理者义务。故而,由行政检察部门来制发相关检察建议,可以协助企业消除个人信息行政处罚风险,从而减轻刑事风险。

个人信息民事公益诉讼则是近期检察机关重点探索的新领域。公益诉讼检察部门参与检察建议制作,有一定的司法实践和参与社会治理工作基础,可以更好地保护社会公共利益。《个人信息保护法》直接授权检察机关可就侵犯个人信息的行为提起公益诉讼,明确了企业侵犯个人信息行为的损害公益性质。[③] 检察机关就侵犯个人信息行为提起公益诉讼也已有一定实践经验。截至2020年年底,全国已有18个省的检察机关在个人信息保护等领域探索公益诉讼实践。[④] 通过参与检察建议制作,公益诉讼检察部门可以发现实践中常见的个人信息保护问题,也能为未来个人信息保护公益诉讼的起诉标准、电子证据固定等立法工作提供参考。

2. 地方检察机关与其他部门协作,为当地民营企业制定个人信息保护合规指引

个人信息保护合规指引的内容应当有一定涵盖面,因为《民法典》、《数据安全法》和《刑法》等均有个人信息及其保护方式的规范。检察机关可以联合行政机关、第三方机构等主体,共同为当地企业建立指引,供其参考、使用。指引的内容应当分别面对大型企业

---

① 其他四类为:再审检察建议、纠正违法检察建议、公益诉讼检察建议和其他检察建议。

② 参见刘艺:《社会治理类检察建议的特征分析与体系完善》,载《中国法律评论》2021年第5期。

③ 《个人信息保护法》第70条。

④ 参见张璁:《检察机关将法律监督延伸到网络空间》,载《人民日报》2021年4月8日。

与中小企业,并根据不同领域企业各有针对性,实现平等保护。

在制定指引时,检察机关可以实地走访当地有代表性的、不同领域、不同规模的企业,开展调研,了解它们的信息保护合规诉求,并根据本地的企业情况和当地法规调整指引内容。大型企业更关注如何规范员工行为,指引就应着重于如何预防员工调取利用企业掌握的个人信息,减少企业过失犯罪风险。中小企业规模小、人数少,通常由企业家直接决策,所以更需要降低企业家违法可能性,减少故意犯罪风险;检察机关还可以向它们重点标明中小企业侵犯个人信息的常见违法类型。此外,检察机关可以分析当地企业侵犯公民个人信息罪的典型案例,总结该罪的高发领域和常见犯罪原因,在指引中突出重点,供企业内部信息保护合规制度建设参考。比如,检察机关可以着重强调个人财产信息属于《解释》特殊保护的信息类型。这样可以有效制止房地产企业、教育企业等财产信息犯罪高危企业触犯刑事犯罪。

不过,检察机关毕竟是司法机关,不能越俎代庖。例如,人工智能、算法、区块链等新技术有很强的专业性;若指引涉及这些领域,可以由专家评估确认。又如,相关行政法规已经规定个人信息数据安全风险评估等行政合规机制,但是其建设内容尚未细化,此时就应由行政机关协同相关立法机关发挥引导、共建作用。若行政机关没有履行个人信息保护法定职责,检察机关可对行政机关提出检察建议,但是不能代替行政机关履职。

3. 完善企业侵犯个人信息行为的行刑衔接机制

如果行政机关处理的企业侵犯个人信息行为也触犯了刑事法规,检察机关可以建议行政机关移送公安机关立案侦查。若行政机关应移送而不移送,检察机关可建议其移送案件,并报上级备案。检察机关尤其要严格控制企业侵犯个人信息行为“以罚代刑”“降格处理”等现象。检察机关可以会同公安机关根据当地司法实践情况,制定企业侵犯个人信息案件移送标准供有关行政部门参考,帮助行政机关把握罪与非罪的界限。

此外,企业侵犯个人信息行为经常通过网络技术实现,隐蔽性强;而且涉案信息数量常以万计。故而行刑衔接信息共享机制有其必要。检察机关可以会同行政机关打造网上数据共享平台。行政机关在比照移送标准后,可以将符合标准的案件上传至平台,检察机关可通过平台及时了解案件信息。在案件进入刑事程序后,检察机关应当实质审查共享平台上的证据,共享平台上符合法定条件的证据可以被采用。需要注意的是,各机关会不可避免地保护本部门利益,因此可能存在一些问题;所以检察机关不能过度依赖共享平台,也要主动监督、主动建议,在必要时提前介入侦查。

(二)事后阶段的企业刑事合规完善路径

在事后阶段,检察机关已经有了相当多的犯罪治理经验,合规制度完善主要在已有法律框架内进行。试点单位可以适当突破,但是不能违背法的一般原则。

1. 检察机关应当准确判断侵犯个人信息行为的罪与非罪

如果企业行为不符合侵犯公民个人信息罪的构成要件,自然也不必进入审判环节。

所以,检察机关要正确理解、适用刑法,尤其要区分行政违法与刑事违法。在犯罪的客观方面,检察机关应严格把握入罪界限。在犯罪的主观方面,检察机关可以从企业的合规建设和合规能力等多个方面判断企业是否存在故意或过失,从而判断内部员工的侵犯个人信息行为能否归因于企业。例如,检察机关不能简单地将企业家行为视为企业行为,还应当遵守单位犯罪的一般原理,审查企业家行为是否属于企业决策、是否为了企业利益。

对于个人信息保护领域中行政法严于刑法的现象,检察机关可以将《解释》中"违反法律、行政法规、部门规章"中的部门规章限缩理解为"对法律和行政法规中个人信息保护规定作出了明确和细化的部门规章"。[①] 检察机关可以总结侵犯公民个人信息犯罪的最新特点,帮助刑事法律根据司法实践情况适当作出调整。如果有相当比例的企业犯罪远超入罪门槛,检察机关可以提出精准建议,协助立法部门调高犯罪数额等定罪标准。

不过,法律修改并非朝夕之功。而且,现代刑法功能扩张,不同法域之间也有重合。[②] 罪与非罪的灰色地带会长期存在,仅凭修法无法解决已有的合规困局。实质判断是一个解决方案——不能只有司法解释设定的入罪标准,还应有"法益侵害性"等实质性标准;必须将字面上符合犯罪的成立条件、实质上不值得科处刑罚的轻微法益侵害行为排除在犯罪之外。[③] 例如,一些中小企业家购买其他企业掌握的个人信息,其目的并非倒卖牟利,而是分析掌握或者学习竞争对手的营销方法,且购买个人信息次数少,获取个人信息数量小。该类行为虽然形式上符合构罪要件,但其行为未对公民的人身权利法益造成实质侵害。

然而,检察机关也须注意:法益侵害这个概念弹性强,需要审慎地个案判断。而且,侵犯个人信息通常会同时损害社会公共利益与个人利益,所以也不能将个人法益是否直接受到侵犯视为行刑区分标准。例如,企业违反"告知同意规则",在履行职责、提供服务过程中收集公民个人信息,即可能触犯刑事法规。然而,现在大量 APP 常通过"不授权获取个人信息,即无法使用公司产品"的格式合同规避告知同意,将其行为解释为"提供产品或者服务所必需",使用户不得不授权企业使用自己的个人信息。[④] 这种行为在形式上已经违反《刑法》,但在实质上是否达到了刑事违法的程度,需要检察机关谨慎判断。

2. 检察机关可灵活运用相对不起诉,并从中探索企业附条件不起诉的可能性

一旦企业确实符合该罪的构成要件,便可进入合规不起诉审查流程。尽管大多数试点单位还在应用相对不起诉,但在改革中,检察机关可以更加灵活、勇于尝试,探索企业

---

① 参见胡江:《侵犯公民个人信息罪中"违反国家有关规定"的限缩解释——兼对侵犯个人信息刑事案件法律适用司法解释第 2 条之质疑》,载《政治与法律》2017 年第 11 期。

② 参见赵宏:《行刑交叉案件的实体法问题》,载《国家检察官学院学报》2021 年第 4 期。

③ 参见张明楷:《避免将行政违法行为认定为刑事犯罪:理念、方法与路径》,载《中国法学》2017 年第 4 期。

④ 参见廖明、刘硕磊:《数据公司收集使用信息的合规风险》,载《人民检察》2020 年第 4 期。

附条件不起诉制度的可能性,反哺立法。

相对不起诉有合规进一步融入的法律空间。检察机关可以依据《解释》,将企业的个人信息保护合规承诺作为悔罪表现。《解释》规定,在侵犯公民个人信息犯罪中,企业不属于"情节特别严重",系初犯,全部退赃并确有悔罪表现,检察机关可以不起诉。[①] 如果企业承诺完善其个人信息保护制度,或已经开始建立内部合规,如聘请专业人员对其掌握的用户个人信息作出加密算法保护,可以认定为确有悔罪表现。检察机关也可扩大解释犯罪情节轻微,将合规作为犯罪情节轻微的判断标准,以此评价企业的主观恶性和社会危险性。

此外,检察机关可根据司法实践情况,完善合规相对不起诉的判断标准。对这些相对不起诉的企业,检察机关可以以检察建议的方式,督促涉案企业进行合规整改,强化企业自我监督。[②] 对于需要移送行政处罚的企业案件,检察机关可以暂缓移送,视企业合规整改情况决定。如果企业仍未落实合规计划,检察机关可以将其移送网信部门等相关行政机关,以维护公共利益;如果企业已有序整改,检察机关可以邀请行政机关共同监督企业的合规整改情况,建议行政机关不予行政处罚。若企业没有合规整改,意味着受损利益没有修复,检察机关也可充分利用已有证据,提起个人信息保护民事公益诉讼。

上述的"相对不起诉 + 检察建议"模式的可用空间大,但是刚性不足。检察机关可以在相对不起诉基础上,适当探索企业附条件不起诉可能性。企业附条件不起诉,即检察机关对已经符合入罪条件的企业,认为可以不立即追究其刑事责任,可以设立一定的合规考察期,如企业在考察期内积极履行合规义务,考察期满后,检察机关将作出不起诉决定。[③] 故而,检察机关可以延长企业的审查起诉期间,将至少 6 个月的时间作为企业合规考察期,当企业已经有个人信息保护机制建设成效时,再决定不起诉。也有检察机关已经在实践中放缓相对不起诉的决定期限,如浙江省永康市人民检察院在经过 6 个月的合规考察期后,才决定对涉案企业不起诉,以确保企业的合规整改落到实处。[④]

在这类案件中,检察机关也不必固守"自然人三年以下有期徒刑"这条界线,可以视情况作出决定。例如,企业侵犯公民个人信息罪中,共有四类特别严重情形,此时"自然人需被判处三年以上七年以下有期徒刑",但企业合规整改后仍可对企业作不起诉处理:(1)造成被害人死亡、重伤、精神失常或者被绑架等严重后果的。如果企业已经积极赔偿,并取得了被害人及其家属的谅解的;或者企业侵犯了大量个人信息,但只有极少数的

---

① 参见《最高人民法院、最高人民检察院关于办理侵犯公民个人信息刑事案件适用法律若干问题的解释》第 10 条。

② 参见李奋飞:《论企业合规检察建议》,载《中国刑事法杂志》2021 年第 1 期。

③ 参见赵运锋:《刑事合规附条件不起诉立法思考和内容构建》,载《上海政法学院学报(法治论丛)》;陈瑞华:《企业合规不起诉制度研究》,载《中国刑事法杂志》2021 年第 1 期。

④ 参见范跃红、程琬茵:《推进企业合规建设|浙江永康:首次开展企业合规法律监督案公开听证》,载《检察日报》2021 年 7 月 19 日,第 3 版。

被害人受到影响，且企业已经赔偿，此时检察机关可以决定不起诉。（2）造成重大经济损失或者恶劣社会影响的。如果企业已有合规整改计划，而且惩罚企业带来的经济损失会大于企业犯罪带来的经济损失，检察机关可以决定不起诉。（3）数量或者数额达到《解释》第5条第1款第3项至第8项规定标准10倍以上的，如企业侵犯个人信息违法所得在5万元以上的，等等，此类案件通常都可以符合企业合规不起诉条件。（4）其他情节特别严重的情形。此时检察机关可综合案件情况作出判断。

3. 检察机关应对涉案企业与企业家同时作出不起诉决定

检察机关对涉案企业和企业家同时作出不起诉决定，符合我国《刑法》的双罚制原则。在企业犯罪中，需要同时处罚企业以及企业的直接责任人员，而企业家是最直接的责任人员。如果不起诉企业，意味着企业不构成犯罪，那么企业家也自然不构成犯罪。检察机关对涉案企业和企业家同时作出不起诉决定，也符合合规改革保障经济平稳运行、促进民营企业经济有序发展的制度目的。不过，企业家对合规绝不能敷衍了事。企业家应当真诚悔罪，积极赔偿和合规承诺都属于其悔罪表现。在企业附条件不起诉中，若企业只是纸面合规，且企业家整改态度差，检察机关可以在整改期后对企业和企业家提出起诉。

4. 大型企业实现"个人信息保护范式合规"，中小企业实现"个人信息保护简式合规"

平等保护包含形式与实质两个方面。如果检察机关对不同规模的企业恪守一个合规启动标准，改革将难以推进。

（1）大型企业实现"个人信息保护范式合规"。检察机关在判断大型企业能否进入合规不起诉流程时，应当以较高标准要求企业。第三方机构在判断企业是否完成合规承诺时，应重点关注企业的合规制度能否有效预防内部员工犯罪。企业应当建立一个完备的个人信息保护合规计划。根据这个计划，企业应当细化个人信息收集共享风险评估标准，完善其数据加密和匿名化等网络安全技术，在业务中较为彻底地清洗数据，清洗程度应该达到依靠现有网络技术基本无法通过数据确定到特定人的程度；企业应当建立一个侵犯个人信息举报监督体系，完善内部监管机制；企业应当拨出一定资金用于个人信息保护机制建设，效仿中央企业，在企业内部常设合规委员会，合规委员会中应当有了解个人信息保护法规的独立第三方；企业应当定期向检察机关和第三方机构汇报合规建设成果。

（2）中小企业实现"个人信息保护简式合规"。检察机关在判断中小企业能否进入合规不起诉流程时，其标准应与大型企业有所区别，具体表现在对企业的人数、融资能力不作过高要求。第三方机构应当以提高企业家的保护个人信息法律意识为主要目标。只要企业家理解合规、理解法律，就可以从根源上有效降低企业侵犯个人信息犯罪概率。中小企业应以合规基本要求为基础，并根据自身特点，建立一个有高层参与、高层决定、高层守法、高层懂法的个人信息保护合规制度，将其融入企业管理的日常。

但是,简式合规并不意味在所有方面都可以降低标准。检察机关可以了解当地中小企业在哪些方面容易犯罪,从而在这些方面对它们适当降低标准。例如,中小型企业的发展往往跟不上网络技术的更新换代,即使企业的加密算法安全系数较高,也面临被网络爬虫破解的风险。若犯罪分子运用新型技术,如新编写的网络爬虫,侵害了企业所有的个人信息,企业不应属于不具备合规能力。另外,即使企业不具备完全清洗个人信息数据的技术能力,导致数据依旧含有部分特定信息,或者被清洗的数据可以还原;此时,企业只需有一般的数据加密技术,也属于达到了可以进入合规流程的标准。在这些问题上,检察机关可以机动判断。

企业刑事合规与检察职能问题研究

邱　甜　史成建*

摘要：我国企业刑事合规意识普遍匮乏，风险防控能力较弱。检察机关作为国家的法律监督机关，应当主动履行检察职能，发挥诉权主导作用，推动构建企业刑事合规制度，实现检察权在国家治理体系和治理能力现代化中的变革与发展。

关键词：企业刑事合规　认罪认罚　监管人　不起诉

一、企业刑事合规概述

所谓企业刑事合规计划，是指"用于预防、发现和制止企业违法犯罪行为的内控机制"。① 孙国祥认为，企业刑事合规是指为避免因企业或企业员工相关行为给企业带来的刑事责任，国家通过刑事政策上的正向激励和责任归咎，推动企业以刑事法律的标准来识别、评估和预防公司的刑事风险，制定并实施遵守刑事法律的计划和措施。② 李勇认为，真正的合规计划，必须体现刑法担当，没有刑法担当的合规计划不是真正的合规计划。真正意义上的"合规计划"包含两个方面的基本要素：一是企业为预防、发现违法犯罪行为建立完善的内部机制；二是建立了"合规计划"的企业，刑法上给予鼓励回应，作为降低刑事责任的依据。③ 笔者认为，我国的企业刑事合规核心要义是检察机关与涉嫌犯罪的企业达成协议，企业承诺在一定期间内建立并履行合规计划；如果在协议规定的期限内履行合规计划并通过第三方评估验收，检察机关则作出不起诉决定或提出从宽量刑的建议。

---

* 邱甜，江苏省宝应县人民检察院党组成员、政治部主任；史成建，江苏省宝应县人民检察院第二检察部副主任。

① 最高人民检察院理论研究所专题报告《检察职能有待拓展的空间：刑事合规监督》。

② 参见孙国祥：《刑事合规的理念、机能和中国的构建》，载《中国刑事法杂志》2019 年第 2 期。

③ 参见李勇：《检察视角下中国刑事合规之构建》，载《国家检察官学院学报》2020 年第 4 期。

二、检察机关履行企业刑事合规主导职能的必要性

(一)检察机关维护社会公共利益的责任担当

我国《宪法》将人民检察院定位为国家法律监督机关,检察机关在依法办案的同时,应将职能向社会治理领域延伸,力求做到标本兼治,化解社会矛盾。企业刑事合规是中国特色社会主义法治建设的一项内容,在制度和机制层面引领企业的法治建设。检察机关应充分发挥主导作用,采用各方参与、客观中立、强化监督的监管模式来推动企业刑事合规工作,以检察官客观公正义务,挽救涉案企业,保障职工权益等社会公共利益,当好公共利益的“守护人”。

(二)检察机关不起诉权能在企业犯罪惩防中的不可替代作用

作为诉权的组成部分,不起诉权在涉企业刑事案件中的充分运用,无疑能够在降低诉讼成本、发挥激励作用、挽救企业和保障公共利益等方面发挥积极作用。张军检察长一直强调“理念一新天地宽”,作为诉权组成部分的不起诉权在检察职能中不可或缺,在强化检察官客观公正有无、保障无罪的人不受刑事追究等方面发挥着极其重要的作用。检察机关根据企业犯罪的具体情况,做到该宽则宽、当严则严、宽严相济、罚当其罪,充分运用不起诉这一检察职能过滤情节轻微、不具有起诉必要性的案件,通过对企业生产经营影响评估,结合法定酌定情节,依法作出涉企不起诉决定,能推动化解社会矛盾,护航社会经济发展大局,促进国家社会治理体系和治理能力的现代化在检察工作中落地、落实的职责使命。

三、我国企业刑事合规工作中检察职能的实践探索

(一)以认罪认罚制度为法律支撑,释放刑事合规正向激励措施

为节约司法资源,解决有限司法资源与犯罪数量激增的矛盾,大陆法系国家建立了控辩协商制度。英美法系国家则实行了辩诉交易制度。认罪认罚从宽制度,是我国根据司法规律,借鉴域外通行制度,适应中国实际设计出来的“中国方案”。根据《刑事诉讼法》和《最高人民法院、最高人民检察院、公安部、国家安全部、司法部关于适用认罪认罚从宽制度的指导意见》,认罪认罚从宽制度贯穿刑事诉讼全过程,适用于所有的案件和罪名,当然也包括企业犯罪。虽然企业刑事合规制度尚未写入法律,但认罪认罚制度为企业和检察机关协商达成开展企业刑事合规提供了法律上的支持,从而能够获得不起诉或量刑从宽的刑事激励。我国认罪认罚制度限定了企业刑事合规中激励机制的边界。首先,我国认罪认罚制度不同于美国的“辩诉交易”,不允许进行无底线无原则的交易,只就量刑进行协商。其次,适用标准不同。我国要求协商要以法律、事实为依据,是否从宽及从宽的具体幅度,都要依照法律规定和政策要求来把握。对从宽幅度规定了明确范围,让检察官的自由裁量权限制在一定框架中。

从实际运用情况来看,这项制度在企业犯罪中的实践价值日益彰显,有效激励涉罪

企业认罪悔罪,促进企业开展刑事合规,充分展示了认罪认罚对企业刑事合规正向激励作用,进一步释放制度红利。如苏州张家港检察机关办理的张家港市 L 公司、张某甲等人污染环境案,企业系省级高科技民营企业,该案排放污水量较小,尚未造成实质性危害后果,犯罪嫌疑人自愿认罪认罚。检察机关遂启动企业合规,检察机关会同有关部门,引导涉案企业实质化合规整改,取得明显成效。最终,检察机关对 L 公司作不起诉处理,提出检察意见移送有关主管机关处理。2021 年 L 公司销售收入、缴纳税收同比增长,成为所在地区增幅领先的企业。

(二)限制不起诉对象适用范围,以"双不起诉"保障中小型企业

关于企业刑事合规不起诉适用对象限于企业还是同时适用于企业主及相关管理人员,英美法系国家实施企业刑事合规机制的重要出发点是"要放过涉嫌犯罪的企业,就必须严惩负有责任的自然人"。① 国内学者刘少军也赞同仅仅适用于犯罪的企业,他提出,企业刑事合规不起诉制度的创设,并不是为了保护滥用职权的负有直接责任的主管人员或谋取私利的其他直接责任人员。如若面向自然人也开放适用合规不起诉制度,那么"以罚代刑""罚不当罪"将为人诟病,也颠覆了刑事实体法和程序法的立法根基。除美国外的大多数国家的企业合规不起诉制度均规定仅仅适用于单位犯罪,不适用于自然人犯罪。因此,这一制度仅限于单位犯罪。② 但是该观点没有充分考虑美国企业刑事合规主要适用于知名的跨国性企业,其股权结构清晰,经营权与控股权完全分离,完全不依附于企业主这一特殊之处。我国大部分企业合规主要集中于中小型企业,往往企业的控股权与经营权集中于公司创始人等灵魂性人物。这些人对该类企业发展乃至生存起到决定性作用。一旦这些灵魂性人物被采取羁押性强制措施、追究刑事责任,企业就可能面临停产停工,甚至面临倒闭的境地。正因为我国这一特殊情况,检察机关在行使刑事合规不起诉权时就必须考虑这种特殊情况。③ 笔者认为,在引进企业刑事合规制度时,必须结合我国大量中小型企业的现实情况,不能完全照搬或者全赖其他国家的经验作为我国制度实施的依据,而应根据特殊国情进行本土化改造,也就是说,在构建我国企业刑事合规不起诉制度时,要有针对性地对大、中、小型企业作出适当区分,体现不同类型企业不同适用条件,构建"双不起诉"机制。既要放过涉案企业,一定限度内也要放过涉案的企业管理人员,达到检察机关实施企业刑事合规的终极目标,即真正实现企业合规初衷就是让企业稳定有序发展,服务社会经济大局。

(三)形成以第三方独立监管人为主,检察为辅的监管格局

从目前实践情况来看,有以下三种涉罪企业合规监管的实践模式:一是检察官监控

---

① 陈瑞华:《有效合规管理的两种模式》,载《法制与社会发展》2022 年第 1 期。

② 参见刘少军:《企业合规不起诉制度本土化的可能及限度》,载《法学杂志》2021 年第 1 期。

③ 参见陈瑞华:《刑事诉讼的合规激励模式》,载《中国法学》2020 年第 6 期。

模式,即由检察官直接对涉罪企业的合规建设进行跟踪评估,根据具体情况作出不起诉处理或提出从轻处罚的量刑建议。二是第三方机制,该机制又分为三种模式:第一种模式为第三方独立监管人模式,即通过检察机关与司法行政机关、市场监管部门协作,选任独立的合规监管人;或由涉案企业按照检察机关要求直接聘请律师事务所、会计师事务所等外部专业机构担任企业合规建设的独立监管人。第二种模式为行政机关监督模式,即由诸如环保、税务等行政机关牵头其他社会中介组织共同组成第三方监管人。第三种模式为联合监督考察模式,即检察机关联合行政部门、社会组织、专业机构等共同对涉罪企业合规建设进行监督、考察。三是检察机关主导模式,即在检察机关主导下聘请专业机构作为外部监管人。①

笔者赞同第三方独立监管人模式,因为检察官监控模式不符合检察机关法律监督的属性,检察权直接介入企业的内部建设、整改与运营,有监督权越界之嫌;检察机关主导模式虽非检察权直接介入,但始终属于检察机关权力的延展,亦不足取。关于联合监管人模式,存在职责主体不清晰,最终仍可能变成检察机关主导局面。独立第三方监管人模式相对比较妥当,有利于营造良好、宽和的营商环境。

关于第三方独立监管人模式,笔者认为,可以将行政机关监督模式的优势予以吸纳:其一,行政机关作为企业平时的外部监督者、管理与治理者,本身拥有行政制裁的权力,可以通过行政权促使企业合规合法经营,②故其作为监管者具有缓和刑事制裁负面影响的作用,容易让涉罪企业接受和认可。其二,由行政机关作为第三方监管者,可以利用其行政权来整合社会力量推动企业合规制度建设,从而让检察机关从中节约宝贵的司法资源。③ 笔者认为,应确立以行政机关监管为主导,以律师事务所、会计师事务所等外部专业机构的合规监管团队为主体,是符合我国国情的第三人独立监管人模式。对于行政机关的选择则根据涉嫌的罪名、企业性质等具体情况确定。检察官仅作合规程序上的监管,体现检察权应有的克制及理性司法。

(四)出台监管费与被监管人相分离规范,确保监管人独立性

从实践来看,合规监管费用承担主要有三种模式:一是涉案企业独自承担;二是地方财政预算承担;三是涉案企业自付 + 财政保障。第三种模式相对更符合我国国情,即合规监管费用原则上由涉案企业独自承担,若企业确因经营不善无力支付的,由财政进行扶持。笔者认为,关于合规监管费用的问题,最为重要原则是让监管人独立性不受制于合规监管费用支付主体的影响。从实践来看,完全由涉案企业独立承担费用的情况下,难以让社会公众接受、信服,不能消除合规监管中诸多环节中是否存在不正当交易的疑

① 参见李勇:《企业附条件不起诉的立法建议》,载《中国刑事法杂志》2021 年第 2 期。

② 参见时延安:《单位刑事案件的附条件不起诉与企业治理理论探讨》,载《中国刑事法杂志》2020 年第 3 期。

③ 参见田宏杰:《刑事合规的反思》,载《北京大学学报(哲学社会科学版)》2020 年第 2 期。

虑,也不利于保障由司法机关牵头负责企业合规制度的公正性。关于是否由地方财政来承担,也值得商榷。作为涉案企业因本身或其企业管理人员出于不正当动机实施某些行为违反了刑事法律而面临刑事制裁,虽然企业为地方经济发展作出税收、就业等诸多贡献,但不必然就因此而理所当然地可动用纳税人资金去为其犯罪埋单,这既不符合社会大众的心理预期,也不符合财政制度。笔者认为,对合规监管费用问题能否借助保险或基金等互助共享的理念,由县(区)级政府主管部门牵头组建所在区域的企业刑事合规监管费用基金,由各企业每年度根据大中小型不同企业的标准缴纳一定费用汇集成合规监管基金池,仅用于企业刑事合规支付合规监管的费用。这种费用制度安排,一方面保证了第三方监管人的独立性,另一方面又避免了企业暂时无力支付费用等特殊情形,从而更有效、更公正地实现企业刑事合规制度价值。

(五)以检察建议作为检察官的抓手,及时修正计划执行偏差

2019 年最高人民检察院发布了修订的《人民检察院检察建议工作规定》,其中第 2 条规定,"检察建议是人民检察院依法履行法律监督职责,参与社会治理,维护司法公正,促进依法行政,预防和减少违法犯罪,保护国家利益和社会公共利益,维护个人和组织合法权益,保障法律统一正确实施的重要方式"。该规定将检察建议分为再审检察建议、社会治理检察建议等五类。[①] 其中的社会治理检察建议便是针对存在管理制度不健全和刑事犯罪风险的单位。[②] 笔者认为,检察机关虽然要保持检察权的克制,但作为合规程序的引导者,应当针对企业刑事合规开展时发现的问题,及时向第三方独立监管人中的行政机关或涉案企业发出检察建议书,推动合规计划和理念执行到位,利用程序性措施督促企业严格执行合规计划,以便企业能够最终顺利通过评估验收,得到应有的刑事激励。

(六)构建中国特色"暂缓起诉"制度,推动企业刑事合规入法

2018 年 11 月最高人民检察院发布的《明确规范办理涉民营企业案件执法司法标准》再次强调了办理涉民营企业案件是可以不起诉的情形。[③] 在刑事立法上有必要设立一种"监督式"的诉讼方案,即构建适用于企业犯罪的附条件不起诉制度。为加强司法部门对企业的监管,美国"暂缓起诉协议"制度应运而生,该制度类似于我国附条件不起诉制度,在条件成就后,检察机关依法作出不起诉处理决定。在我国,根据《刑事诉讼法》第 282 条的规定,附条件不起诉制度只适用于涉嫌犯罪的未成年人。笔者认为,不妨在此基础上,针对企业犯罪以及企业合规的特性,在企业刑事合规试点成熟的基础上,通过立法修订等方式,建立符合中国实情并具有中国特色"暂缓起诉"内核的制度。但不能直接套用未成年人犯罪附条件不起诉制度,通过新设具有中国特色的企业"暂缓起诉"制度,以示

---

① 参见最高人民检察院《人民检察院检察建议工作规定》第 5 条。

② 参见最高人民检察院《人民检察院检察建议工作规定》第 11 条。

③ 参见最高人民检察院《明确规范办理涉民营企业案件执法司法标准》。

与附条件不起诉制度予以区分，将暂缓起诉制度置于一般不起诉制度之下，让附条件不起诉制度仅存在于未成年犯罪，符合社会群众的认知，也符合未成年人刑事案件特殊制度的安排。这样一来，避免了对涉罪企业在较短的审查起诉期限内只作出诉或者不诉的终局性决定的尴尬局面，影响社会经济的稳定发展。

检察理论

新时代检察职能的历史逻辑、理论逻辑与实践逻辑

韩彦霞　朱佩佩*

摘要：中国检察职能结构的变迁受制于历史的基本发展规律，蕴含着深刻的历史必然；以法律监督为制度功能或权力特色的检察权一元论，在权力制约、人权保障与权利救济、公益维护等新时代价值层面展开，并且，检察权以其诉权体系为依托本质上正在朝着有限一般监督演化；职能战略的推进方面，检察权又具有实践目标的双重性和实践方式的一体化。新时代检察职能是历史逻辑、理论逻辑和实践逻辑的调和统一。

关键词：新时代　检察职能　历史逻辑　理论逻辑　实践逻辑

中国检察制度是学习借鉴大陆法系的公诉制度和苏联检察的监督思想，吸收中国古代法治和英美法系的自由主义的精髓，结合中国国情从而形塑出中国特色社会主义理论体系下的检察制度。站在新时代的历史新起点回望溯源，中国检察在长期与中国历史的经济基础、政治体制相结合的过程中，不断优化改进，以历史为镜鉴，以理论为本源，以实践为验证，直至中国特色社会主义检察制度成熟定型。因而，把握新时代检察职能的历史逻辑、理论逻辑和实践逻辑的调和统一具有重要意义。

一、职能结构变迁的历史逻辑

在检察制度发端的法国，“犯罪不逃脱处罚乃公共利益之所在”的理念在13世纪的王室法律人中被不断强化，13世纪末王室代理人就在王室法院开始对最严重的犯罪行

---

* 韩彦霞，江苏省无锡市人民检察院法律政策研究室副主任；朱佩佩，江苏省无锡市梁溪区人民检察院第五检察部检察官助理。

为,即危害公共利益的行为,提起公诉。“代表国家或政府去法庭履行公诉职责是西方检察官最基本的职能。”[①]在法国,检察官先是统一的民族国家的中央王权实现对司法审判权的控制的产物,从而达到维护王室利益的目的。检察权首先作为制约性权力以公诉权的形式产生于刑事诉讼领域,后又成为资产阶级内部权力制衡协调的工具。[②] 随着近现代工业社会乃至风险社会的到来,公共利益由刑事领域向行政、民事领域拓展又成为检察权发展的时代特征。

英美法系国家检察制度的形成和发展则深受自由主义国家观念的影响,[③]诉讼中的当事人主义盛行,检察机关的自由裁量权极大,检察制度更加侧重权利保护的功能。尤其是近年来预防主义刑罚观的勃兴,强调从犯罪预防尤其是积极一般预防的角度预防犯罪,起诉便宜主义之下辩诉交易等新型刑事诉讼制度、程序兴起,刑罚替代措施被广泛使用,世界范围内的“放弃审判制度”[④]盛行,检察权行使重心前移,“检察官作为刑事司法的主要决策者的真实形象日益清晰”,[⑤]刑事诉讼中的检察主导成为不可逆的历史进程。

对于不采用三权分立制度的国家,公权力之间关系的不同也决定了检察权的权力性质、权力定位和权力功能的不同。以苏联检察制度为代表的独立权力形态的检察权,监督成为检察权的重要制度功能或者是权力特色。如 1952 年德意志民主共和国(东德)的检察院法序言即直接指出:“保证法律之遵守是检察机关的特别功能。”事实上,不论政治制度如何检察职能都涵摄隐性的监督属性,中西方的检察监督具有功能上的共通性。随着政治文明的发展,权力的运行越来越精密。这种精密运作,对权力监督或制约的精准程度要求越来越高,当然也在客观上要求权力的监督功能不能缺位。正如学者所言,“从域外检察权来看,许多国家的检察机关都享有法律监督的权力”。[⑥]

我国检察权在域外借鉴和中国化的过程中形成了中国特色社会主义检察制度。自“五四宪法”和 1954 年《人民检察院组织法》始,中国的检察机关具备了“一般监督”的核心要素,成为实质意义上的法律监督机关。[⑦] 1979 年《人民检察院组织法》取消了一般监督,将法律监督局限于刑事诉讼领域的诉讼监督。自 1988 年以来,随着检察机关反贪污贿赂职能创设和发展,侦查权在强化检察机关法律监督方面发挥重要作用。改革叠加期,检察机关职务犯罪侦查权划转,立法层面正式赋予检察机关提起公益诉讼的职能,党

---

① 刘方:《人类社会检察制度起源刍议》,载《中国检察官》2006 年第 12 期。

② 参见孙谦主编:《中国检察制度论纲》,人民出版社 2004 年版,第 8 页。

③ 参见孙谦主编:《中国检察制度论纲》,人民出版社 2004 年版,第 19 页。

④ 熊秋红:《比较法视野下的认罪认罚从宽制度——兼论刑事诉讼“第四范式”》,载《比较法研究》2019 年第 5 期。

⑤ 谢鹏程:《检察官的权力与责任——评〈检察官角色的演变:挑战和创新〉》,载《检察日报》2021 年 9 月 9 日,第 3 版。

⑥ 周新:《论我国检察权的新发展》,载《中国社会科学》2020 年第 8 期。

⑦ 参见魏晓娜:《依法治国语境下检察机关的性质与职权》,载《中国法学》2018 年第 1 期。

的十九届四中全会提出检察机关对行政违法行为进行监督，突破了诉讼监督的传统行政检察职能。进入新时代，形成"四大检察"诉权体系统摄下的全面的法律监督。

综观世界及中国检察制度史，中国检察职能结构主要体现出三条发展规律：一是诉权构成检察权的权力内核，诉权的发展呈不断拓展螺旋式上升。中国检察权在叠加改革中处于变化频率的高点，从权力类型来看，自侦权逐渐限缩，诉讼监督权作为常量得以发展，诉权不断拓展。其中，诉权拓展一方面体现为以公益诉讼为主要内容的诉权类型的增加，另一方面体现为认罪认罚从宽体系中检察机关不起诉裁量权的实质发展。从权力运行领域来看，检察机关的法律监督功能由诉讼监督向非诉讼监督领域，尤其是向行政检察和立法领域不断拓展，其动力机制也主要来自检察机关诉权运行所产生的刚性。自侦权的划转意味着检察权向诉权体系的回归以及诉权的拓展，其对于以刑事公诉权为检察权主要职能的时代而言，螺旋式上升的规律明显。

二是法律监督的内涵根植于国家权力监督体系和国家治理体系，具有鲜明的时代性。作为检察权的功能性描述，"法律监督"是一个具有纵深性的、涵盖面很广的概念，其可以根据国家和社会治理层面的调整进行重新诠释。① 即便是在刑事、行政、民事诉讼法中，法律监督的含义也各不相同。新时代，法律监督由传统的权力制约融入了更多的权利保护的内核，权利也成为新时代检察机关法律监督新的切入点。从经济基础决定上层建筑的理论出发阐释法律监督在新时代的内涵，法律监督的范围、方式、目标也要与新时代的法治情势相适配。正如学者所言，"要充分认识到我国《宪法》确立法律监督机关的政治价值和作用，中国法律监督制度不仅是一项司法制度，而首先是一种政治制度或政治安排，是中国的特殊体制——人民代表大会制度的必然要求"。②

三是检察权的发展与公共利益保护紧密地联系在一起，检察权彰明了强烈的国家主义。检察起源的制度动机即维护公共利益，公益性是检察权的根本特性。在检察制度发展过程中，检察机关作为国家和社会公共利益代言人的制度也随之不断完善，公益保护原则成为新时代检察机关行使公诉权所追求的目标或活动的一项基本准则。

中国的法治化道路是中国"历史传承、文化传统、经济社会发展基础上长期发展、渐近改进、内生性演化的结果。"③中国检察职能结构的变迁受制于历史的基本发展规律，蕴含着深刻的历史必然，具有历史的因果关系。在特定的历史条件和历史环境中，形成了具体的、历史的中国检察职能结构。总体而言，"检察制度的产生不是人类设计的产物，而是人类行动的结果"。④

---

① 参见张建伟：《逻辑的转换：检察机关内设机构调整与捕诉一体》，载《国家检察官学院学报》2019 年第 2 期。

② 蒋德海、陈杨、秦天宁：《法律监督宪法原则再思考》，载《学术研究》2019 年第 8 期。

③ 习近平：《在庆祝全国人民代表大会成立六十周年大会上的讲话》(2014 年 9 月 5 日)，载《求是》2019 年第 18 期。

④ 何勤华主编：《检察制度史》，中国检察出版社 2009 年版，第 187 页。

二、职能方位限定的理论逻辑

(一)理论基点上以法律监督为面向的检察权一元论

理论基点是理论体系中涉及基本问题的核心范畴,其核心地位的产生源于其对体系本身的区别性规定所发挥的重要作用。检察基础理论中,检察与监督是一对基本范畴。检察和监督的关系问题是检察理论与实践无法绕过的问题,也是分析其他中国检察理论与实践问题的前提和基础,更是不同学术观点乃至派别得以分化的理据。"法律监督与检察权的关系问题成为在理论与实践、宏观与微观、本体与运行的各个方面制约检察发展的理论元问题。"①毫无疑问,检察和监督作为两个核心范畴构成检察基础理论的逻辑起点。

以检察的制度承继、《宪法》的实然规定以及检察的实际构建为蓝本,抽象出理论上的法律监督一元论与检察权一元论之争。长期以来,关于检察权的分析和阐释更多地被纳入法律监督的理论框架,并形成一种相对固化的理论趋向,即凡是检察权必归属于法律监督。然而,从规范分析的角度,"一元化的属性问题研究同检察权力结构的复杂体系之间是存在矛盾的"。② 这种法律监督解释的泛化,导致理论分析与实践建构方面面临着一些难以克服的矛盾。也正如学者指出的:"法律监督的历史传统与新时代检察工作的时代方位、社会主要矛盾转化对检察工作的影响,即历史和现实之间,法律监督权一元论与'四大检察'职能,即理论和实践之间;原有的检察权运行机制以及内设机构设置与'四大检察'全面协调充分发展的需要,即形式与内容之间,形成了一定的张力,或者说是存在哲学上的矛盾。"③

因此,以法律监督为制度功能或权力特色的检察权一元论则更具理论解释力和包容性,实践上也引领力和开放性更强。从文本的规范分析上看,《人民检察院组织法》第20条将逮捕权、公诉权和诉讼监督权、执行监督权作为不同的权能分别列举,上述这些不同权能共同构成检察权的职能体系。从权力属性的规范分析上看,检察权涵盖了侦查、调查、审查、制约、裁量、救济、监督等多维性质的权力。然而,无论从"权力能力"还是权力性质角度,法律监督都无法对上述分类进行统摄,由此也论证了检察权是第一位的。

(二)理论依据上检察权在价值层面的展开

对于制度价值的关注是检察理论时代性的重要方面,检察价值是检察制度演进的动因和依据。检察职能配置的争议在本质上都是检察价值的争议。检察职能方位的确立服从于检察价值,这也是为什么有些职能交由检察机关来行使,如公益诉讼为什么由检察机关提起。权力价值角度,检察权包含权力制约、人权保障与权利救济、公益维护等新

① 韩彦霞、李乐平:《检察基础理论研究的新时代命题》,载《国家检察官学院学报》2020年第6期。
② 巩寒冰:《检察权的双层权能与效力实现》,载《时代法学》2018年第6期。
③ 闵钐:《检察与监督——兼论"四大检察"的理论基础与时代价值》,载《人民检察》2019年第22期。

时代价值。

权力制约价值。进入新时代,检察权的权力制约价值相当程度上在执法司法制约监督体系的语境中考量。作为执法司法制约监督体系中重要的制约监督力量,检察权应充分发挥其程序性、承转性的权力特质,重新厘定不同权力主体之间制约的原则关系。“互相分工、互相制约、互相配合”三原则不再是并列关系,互相制约走到前台成为优先于互相配合的刑事诉讼原则,检察制约在刑事诉讼中发挥主导作用。一方面,制约关系超越配合关系发挥主导作用。另一方面,检察制约在制约体系中发挥主导作用。尤其要强化对职务犯罪调查行为的制约。2021 年 1 月,国家监察委员会与最高人民法院、最高人民检察院、公安部联合印发《关于加强和完善监察执法与刑事司法衔接机制的意见(试行)》,充分表明监察执法行为进一步规范化、法治化的导向。检察机关应进一步挖掘先行拘留权的程序性价值,恪守客观中立义务,遵守程序要求,尽快完善配套制度,形成制约职务犯罪之刑事检察权能体系。

人权保障与权利救济价值。党的十九届五中全会提出“促进人权事业全面发展”的新时代人权保障目标,作为人权保障水平重要标志的人权刑事司法保障,其保障程度要符合新时代人权保障的目标要求。要充分实现检察权在刑事诉讼中的人权保障价值,尤其是刑事强制措施适用中要扩大实质的司法审查范围。当前我国除了强制措施中的逮捕由检察机关批准,其他类型强制措施和对于财产权、隐私权的强制性处分,公安机关具有完全决定权。实践中,上述侦查权滥用的情况仍较为普遍,当事人的救济权也难以实现,成为侦查行为中人权保障缺失的制约监督灰色地带。侦查行为中的人权保障在国家治理现代化意义上具有重要价值,实质的司法审查范围应扩展于各项强制性侦查行为中。

在新时代权利保护不断强化的历史时期,检察权的权利救济价值日益凸显。检察权的权利救济不仅体现在刑事检察中,也体现在行政检察、民事检察和公益诉讼检察中。行政诉讼、民事诉讼和公益诉讼中检察权的运行均体现出诉讼监督和权利救济的统筹。如 2012 年《民事诉讼法》修改时,将第 14 条检察机关对“民事审判活动”进行监督修改为对“民事诉讼”进行监督,即表明“传统的以审判为中心的民事诉讼法律关系将会向着裁判与救济协调型的方向发展”。①

公益维护价值。公益性是检察权发展的时代特征,近代检察制度形成后,检察权在民主法制的制约下,由过去单纯代表国家利益进化到代表民众维护社会公共利益阶段,反映了人类法制选择民主、文明进步的过程。党的十九届四中全会《中共中央关于坚持和完善中国特色社会主义制度　推进国家治理体系和治理能力现代化若干重大问题的

① 刘荣军:《从民事诉讼法律关系看检察监督——以修改后民诉法第 14 条规定为着眼点》,载《检察日报》2012 年 10 月 18 日,第 3 版。

决定》中提出要“拓展公益诉讼案件范围。”“完善生态环境公益诉讼制度”。随着风险社会的来临要不断深化检察机关提起公益诉讼职能，拓展案件范围，特别是对于威胁我国国家安全和深层次核心发展利益与广泛社会公共利益但相应社会组织缺失、行政监管失灵风险较高的损害公共利益行为。[①] 将公共利益维护作为检察的制度价值，将保证利益被保护的法定性和恒定性，理论上不会因为行政权、人为干预等偶然、外在因素使公共利益处于维护缺席的状态。

（三）理论趋势上向有限一般监督的演化

保障法律正确实施，维护国家法制统一是检察机关作为法律监督机关宪法定位的基本诉求。在我国，法律监督职能是在社会主义国家权力监督原则与民主集中制原则共同指导下形成的重要宪制职能，维护国家法制统一应当被视作检察事业和法律监督工作的第一要务和首要职责。[②] 尽管宪法意义的法律监督本质不变，但是进入新时代，维护法制统一却有新的任务、要求和形式。

新时代是实行全面依法治国的阶段，法律监督机关与全面依法治国的规定性关联更为特殊，在此背景下，重新回归法律监督机关的本质，重新审视检察机关法律监督的范围。“检察机关的监督职权在刑事诉讼中不断强化，并延伸至民事诉讼、行政诉讼。”[③]随着公益诉讼诉权体系以及行政检察监督等职能的拓展，法律监督跃迁于诉讼监督层面向行政执法、立法领域延伸，检察权外延和运行方式不断变化，以此均衡和深化新时代法律监督。

新时代是全面依法治国语境下的普遍公平正义，其根本目标是让人民群众在每一个司法案件中感受到公平正义，新时代社会主要矛盾对应到法治领域，即体现为人民日益增长的法治需求同法治不平衡不充分的发展之间的矛盾。法律监督就是要解决影响司法公正的深层次问题，充分发挥检察机关法律监督在执法司法制约监督体系中的作用。新时代法律监督已经接近为一种法治生态，从宏观层面的维护国家法制统一到微观层面的个案公平正义，检察权以其诉权体系为依托本质上正在朝着有限一般监督演化。

三、职能战略推进的实践逻辑

（一）实践目标的双重性

作为兼具司法性和政治性的权力存在，检察权的实践同处于诉讼领域与治理体系之中。换言之，检察权实践具有目标的双重性。检察权主要以其司法权的权力形态在诉讼

---

① 参见潘剑锋、牛正浩：《检察公益诉讼案件范围拓展研究》，载《湘潭大学学报（哲学社会科学版）》2021 年第 4 期。

② 参见秦前红、石泽华：《新时代法律监督理念：逻辑展开与内涵阐释》，载《国家检察官学院学报》2019 年第 6 期。

③ 魏晓娜：《依法治国语境下检察机关的性质与职权》，载《中国法学》2018 年第 1 期。

程序中发挥制约和监督功能，但同时检察权又寓于国家治理的整体框架中，其政治权属性与司法权属性又体现出高度的密不可分，治理型司法成为新时代检察实践的语境。在刑事诉讼中检察权运行主要依据刑事程序法在侦、诉、审权力之间通过双向的制约和单向的诉讼监督发挥职能作用。进入新时代，以审判为中心仍然“在路上”，检察权通过对侦查权的制约监督实现人权在“刑事门前”的保障。人权保障是检察权的独立权力价值和天然使命，捕诉一体模式下，慎捕慎诉慎押是新时代检察工作理念，也是新时代检察区别于管理型社会中检察权质变的体现。逮捕率、诉前审前羁押率、不起诉率不仅是衡量人权保障层次的重要指标，也反映了国家治理现代化的水平。

国家治理体系下，民事行政检察从监督转向监督与诉权的权利救济、监督与矛盾实质性化解并重。诉权的权利救济更加注重从当事人诉权视角统筹检察监督制度，关注案件实体错误的纠正，以侧重社会矛盾化解。行政检察将实质性化解争议作为诉源治理的重要方面，检察机关立足检察权的权力监督与权利救济职能，监督争议化解中的公权力运行，注重解决相对人的实质请求。对于争议确实难以协调一致的案件，检察机关应当充分行使调查核实权，发挥抗诉、再审检察建议及公开听证在推动争议化解方面的积极作用。同时，加强对抽象行政行为的监督，对普遍性的制度性问题可以形成类型化的问题解决机制。

检察机关提起公益诉讼既有对公权力的监督，也有行使诉讼职能的司法性质。新时代国家治理结构中，检察机关以法律监督为特色承载着利益保护等“直接的”治理功能。这也更加符合检察权在实现国家治理的质效要求，即检察权目标的时代性。尽管作为客观诉讼，检察机关提起行政公益诉讼应着眼于行政违法行为的监督，但其主要治理功能更体现于追求公共利益的直接保护方面，正如有观点指出，“监督的内涵主要体现在守护法治方面，不再从监督出发解释追诉犯罪和公益代表”。①

（二）实践方式的一体化

其一，“四大检察”的一体化。在 2019 年最高人民检察院工作报告中，检察长张军提出“刑事、民事、行政、公益诉讼‘四大检察’法律监督总体布局”。“四大检察”的总体布局中，又应当遵循怎样的形式逻辑，才能实现内部检察权运行整体收益最大化？当代检察权的实践发展过程中，形成了以刑事检察为重心的“四大检察”全面协调充分发展格局。“四大检察”的全面协调充分发展，并不是平均用力，依然要遵循主要矛盾和矛盾主要方面的基本原理。要做优刑事检察为“四大检察”融合发展提供驱动力，如此才能发挥检察机关法律监督的整体效能。

当前，“四大检察”之间的协同运行仍存在一定程度的不足。一方面是公益诉讼、行政违法监督线索获得的困难，另一方面是刑事公诉、诉讼监督中的潜在线索得不到进一

① 闵钐：《检察与监督——兼论“四大检察”的理论基础与时代价值》，载《人民检察》2019 年第 22 期。

步挖掘。此外,刑事案件中权利保障的局部性也是当前全面依法治国中存在的突出问题。"'四大检察'职能虽然在业务领域上有所区别,但是现实的案件并不会如理想的那样性质单纯。"①依据"四大检察"的内部结构关系,以刑事公诉刚性的"波及"降低行政公益诉讼的商谈性,追求检察机关办理案件的"完成形态",形成刑事检察的统摄效应,进而促进"四大检察"全面协调充分发展,可以作为具有探索意义的路径选择。亦如学者所言,"只有建构起刑事检察与公益诉讼检察的多层次衔接,才能将办案效果进一步扩展,使司法办案成为国家治理的重要环节。"②鉴于刑事检察作为"四大检察"中体量最大、发展最为成熟的基础职能,以及刑事法律在整个法律体系梯次中的最严厉性,将刑事检察作为"四大检察"发展的战略基点,符合检察实践的主要矛盾和次要矛盾的关系原理,符合一切从实际出发、客观的矛盾观等哲学原理,是系统思维中全局性思维、协同性思维、结构功能性思维的实践运用。这一体系性的系统思维方式,适用于新时代"四大检察"发展的战略布局。"四大检察"发展初期若想平均用力,不仅无助于实现其全面协调充分发展,还会错失刑事检察以外的三大检察的重要发展战略机遇期。"从检察一体的角度上看,检察机关各个部门在办案中对外是一个整体,统一行使检察权。"③因此,有必要进一步挖掘刑事检察在"四大检察"中的影响、带动作用,以有利于检察权运行整体收益最大化。

其二,诉权与监督的一体化。在办案中监督,在监督中办案,即诉权与监督的一体化。在法律监督为特色的检察权一元论的定位之下,遵循诉讼与监督的客观关系,寓监督于诉讼之中,诉讼最终回归监督。任何权力的监督形态的形成都有其特定的路径依赖,检察机关的法律监督必须与诉权有机结合,在监督中办案,在办案中监督,建立"主导作用"与实质的处分权之间的联系,唯有如此,检察机关主导作用才得以形成。一方面,借助诉权的刚性形成"具有法律属性的监督";另一方面,将监督问题转化为诉讼程序或法律关系中的问题。正如学者所言,"在当前公权力监督的总体制度结构中去观察检察机关的角色,以及与其他监督者的关联或异同,由此评估其独特的机构优势。本质是制约与监督之间的逻辑关系"。④

---

① 陈军:《"四大检察"改革背景下的检察权能配置探析》,载《政法论丛》2020 年第 5 期。

② 刘艺:《公益诉讼检察与"三大检察"的融合发展》,载《人民检察》2019 年第 19 - 20 期合刊。

③ 刘金林:《刑事公诉与检察公益诉讼衔接问题研究》,载《法学杂志》2021 年第 4 期。

④ 孙谦:《新时代检察机关法律监督的理念、原则与职能:写在新修订的人民检察院组织法颁布之际》,载《人民检察》2018 年第 21 期。

认罪认罚从宽制度融合区块链技术的模式及逻辑

——基于刑事诉讼参与方司法互信问题的思考

余 红 王 莉 李业青*

摘要:区块链特有的信任原理与认罪认罚从宽制度的司法互信难题,具有契合的可能性。检察机关可尝试运用区块链技术的点对点传输、共识机制、分布式存储等功能,探索通过"守门人平台"、"智慧区块链存证"以及"司法确权按钮"的方式,建立区块链技术为基础的刑事诉讼流程节点信任框架。

关键词:认罪认罚从宽制度 区块链技术 刑事诉讼参与方 司法互信

认罪认罚从宽制度是我国长期司法实践形成、发展、完善的产物,并最终成为刑事诉讼中的一项基本制度,这对于检察机关参与社会治理具有深远的战略意义与实践价值。面对新一轮科技革命和产业变革深入发展,检察机关应有必要的技术自觉和司法担当,通过依托区块链等新一代信息技术,以服务于刑事诉讼为中心,将技术文明的先进理念融合于刑事司法实践,从容应对数字化时代的挑战,尤其是更好体现认罪认罚从宽的协同性、科学性、人民性的制度内涵。

一、认罪认罚从宽制度实践不足

如何切实履行检察机关在刑事诉讼中的主导责任,认罪认罚从宽制度是强有力的战

---

* 余红,江苏省南京市玄武区人民检察院党组书记、检察长;王莉,江苏省南京市江北新区人民检察院第一检察部主任;李业青,江苏省南京市江北新区人民检察院检察官。本文系2021年度江苏省法学会法学研究课题"认罪认罚从宽制度融合区块链技术的路径问题研究"(课题编号:SFH2021D10)的阶段性研究成果。

略抓手。司法实践中,虽然该制度在形式上结构完整,但因为参与各方缺乏有效的信息沟通和信任,由此导致其无法发挥应有的效用。

(一)当事方争取诉讼权益的能动性不足

1. 被追诉人容易受到信息误导。“只有对群体心理有一定的认识,才能理解法律和制度对他们的作用是多么微不足道,才能理解除了别人强加于他们的意见,他们是多么没有能力坚持己见。”①随着社会文明程度的发展,“刑不可知,则威不可测”早已成为历史,而各类信息资源的极大丰富且方便易得,对被追诉人而言并非福音。他们往往愿意选择有利于自己的辩护,也更容易受人暗示,并在最初七嘴八舌的提示下,通过相互传染的共情寻找到相似情形的共通之处,进一步希望将自己行为的可行性强化为既成事实。如此情形下,司法机关就会倾向于选择固有的单方意志,来推进认罪认罚从宽工作。当然,就像不可能将每一个案件完整还原,同样也不能将每一个被追诉人理想化地孤立看待。认罪认罚从宽制度的核心关键在于认罚,认罪与从宽的工作开展都应聚焦到这一点上来,要避免因推进认罪认罚从宽而可能发生的“我不得不接受处罚,但是不相信你”的“塔西佗陷阱”。

2. 律师充分履行帮助作用动力不足。律师虽然只是实现司法公正链条中的一个环节,但这个环节必不可少。认罪认罚从宽制度的实施,压缩了律师在庭审阶段的辩护空间,但也赋予其在诉讼过程中更多的实质参与权,以确保被追诉人能够在获得有效法律帮助或者有效辩护的情况下自愿选择认罪认罚。认罪认罚案件中的值班律师提供法律帮助,属于政府购买公共法律服务的工作机制。然而,社会律师兼职参与法律帮助的积极性还不够,实践中也大多止步于功能性地提供法律咨询、见证具结,甚至有些时候还会“偏袒”检察机关而督促被追诉人认罪认罚。即使是受被追诉人委托或法律援助机构指派的辩护律师,也往往是功利性参与认罪认罚工作,对这一制度的掌握并不深刻全面。认罪认罚从宽制度突出强调律师的执业权利保障和深度参与,为刑辩律师提供了一个有效制衡公权力的绝好契机。长远而言,律师借助这一制度主动发挥制衡作用,通过相互磨合达到法律意识的相互整合,对于自我价值的实现以及法律意识共同体向法律职业共同体的发展,都具有历史性意义。

(二)审前程序认罪认罚协商单方意志性明显

1. 侦查阶段被动认罪情形仍然存在。侦查机关作为适用该制度的前端入口,具有告知权利、听取意见、认罪教育等职责,但司法实践距离这项制度的内在要求还有差距。目前,在侦查阶段未委托律师的犯罪嫌疑人仍占大多数,符合法律援助条件的寥寥无几,实际情况是大量的犯罪嫌疑人在没有律师参与的情况下直接认罪。缺少了律师参与的认罪协商,认罪不过是侦查机关主持下的被动认罪,甚至可能出现“虚假认罪”。“在控辩尚

---

① [法]古斯塔夫·勒庞:《乌合之众——大众心理研究》,冯克利译,广西师范大学出版社2007年版,第40页。

未实现实质平衡的条件下,从宽的激励机制本身就带着‘强迫’属性,受到羁押的强制力、封闭性以及侦查机关的不当引导等多重因素的联合作用,无辜者因虚假认罪受到刑事追究的可能就无法完全避免。”①

2. 审查起诉阶段维护权利工作仍有不足。检察机关在办理认罪认罚案件过程中,主导并承担着绝大部分的程序性和事务性工作,在刑事诉讼中发挥着重要的程序保证、制度支撑和司法中立作用。当然,检察机关的这种主导责任,是从当事方尤其是被追诉人的位置和高度看待、处理案件,而不可以将法律的意志强加于被追诉人,让其做利害权衡,不得已选择认罪认罚。这样因为欠缺了自愿协商这一关键构成要件,后续体现的从宽处理自然也仅具象征意义。毕竟,除了完成依法惩治犯罪的诉讼职权任务之外,检察机关还要关注人权,切实保障民众在国家治理体系中的主体意识和主体地位,这也是参与社会治理的内在要求。

(三)审判机关助力精确量刑存在顾虑

从引入检察机关提出量刑建议,到认罪认罚从宽制度确立检察机关量刑规范化,检察机关基于认罪认罚从宽提出精确量刑建议将会成为司法常态。一般情况下,检察机关提出的量刑建议将是最终的量刑,量刑建议的“刚性”使求刑权趋同于审判权。这最大限度消除了检察机关量刑建议的不确定性。笔者认为,从某种意义上而言,求刑权确实存在向审判权过度扩张的趋势。当然,站在审判机关的角度,这绝不是一个可以欣然接受的趋势。因为,这不仅仅是诉讼职权配置那么简单,还是一次深刻的业务分工调整,甚至一定程度上替代了审判机关的部分刑事审判职能。自此,审判机关庭审流于形式化而导致的司法被动性会更加明显,这绝不是也不应该成为认罪认罚从宽制度的价值导向。

二、认罪认罚从宽制度融合区块链技术的法理逻辑

办理认罪认罚案件,需要公、检、法三机关互相配合、互相制约;但是配合多了,制约就容易被忽略,或者成为点缀。其他诉讼参与方,无论被追诉人、被害人还是律师,在刑事诉讼流程中往往处于从属的地位,与司法机关像是在两个平行世界,很难在诉讼层面形成基本信任。显然,目前制度上的一些设计在实践中并不能完全去除这种构造上的不对等状态,持续下去更像是原地踏步,对认罪认罚从宽制度的快速发展并非易事、好事,甚至可能牺牲这项制度所提倡的效率与公正。从技术角度而言,区块链针对解决的是信息传输过程中产生的不对称难题,用户借此达成基本信任,实现诸多交易。因此,以适当的方式融合区块链技术特有的信任原理,对于破解认罪认罚互信难题,具有契合的可能性。“要理解法律与科技之间的关系,我们不能将其中一方想象成被动的、回应的,而是

① 周新:《公安机关办理认罪认罚案件的实证审思——以 G 市、S 市为考察样本》,载《现代法学》2019 年第 5 期。

要理解嵌入在各种应用模式中的技术如何体现和再生产着特定的权力关系和法律关系。"[①]认罪认罚从宽制度与区块链技术的恰当融合,可构建司法互信,推动深化认罪认罚从宽制度。

(一)协同性共建:从功利主义到实用主义

"区块链实现的是一种信任的转移,使人们在合作过程中的信任对象由人和机构转移到区块链这个共识机器上。"[②]区块链技术作为一种先进的新兴生产力,与认罪认罚从宽制度的融合,旨在建构刑事诉讼参与方司法合作互信的法律秩序,以"看不见的手"减少监督、制约、配合的内生阻力,通过技术手段约束公权力可能的肆意,促进检察机关得以回归"法律监督"的宪法定位,进而有效引导公安机关规范侦查,扭转"侦查为中心"的诉讼模式,调和刑事诉讼折射出的社会矛盾,以强化庭审实质化,推动"审判为中心"的诉讼制度改革,共同服务保障于国家治理体系和治理能力现代化这个大局。当然,这种框架设计落实到具体操作上应避免冗长和烦琐,以致成为诉讼程序之累。

(二)科学性共治:从工具主义到价值主义

无论是司法机关还是案件当事方,对待法律的态度,直接映射了法治权威的强弱。认罪认罚从宽制度陷入"内卷化",在于"存量阶段"的持续徘徊,并将注意力长期放在维持现状的改良上,而现状无非固有秩序和思维习惯的坚持。因此,融合区块链技术的"增量价值"就在于,不仅将其作为一种维护认罪认罚从宽制度秩序的法律工具,而是柔性穿插于认罪认罚从宽制度的每一个流程节点,提供一种程序、信任和平等的参与方式,将不确定的刑事法律风险科学地转化为可以信赖的新机会,以此增强认罪认罚从宽的信度和效度,形成刑事诉讼参与方对法治的公信力和向心力,实现法治的共同遵守和普遍信仰。

(三)人民性共享:从科技主义到人文主义

犯罪有诸多原因,但犯罪的人不应终身背负此种负面评价,而不被允许回归社会和人民,这才是法治应有的理性。技术变革虽然可以平衡不同机构的权力关系,但不能忽视人民在社会治理之中的主体地位。由共识机制构成的区块链并没有抛开人性,而正是基于普遍共识达成合作,并通过更多的合作增进普遍的福祉。融合区块链技术办理认罪认罚案件,就是要从实践层面将公平、权责、信任等人文价值嵌入区块链技术框架设计之初,消除涉罪的仇恨、戾气、反智等负面能量,切实调动刑事诉讼当事方的主观能动作用,最终希冀被追诉人从认罪认罚的诚信平稳过渡到将来面向社会的回归。需要警惕的是,司法机关不能因为技术力量的介入,而沦为技术的附庸,以此使人民服从,避免认罪认罚从宽制度因科技化而偏向于功利主义和工具主义。信息不对称而缺少天然信任不可避免,融合区块链技术就是要用技术之手积极引导人性之力,适应制度建设的流动性,传递

---

① 郑戈:《司法科技的协调与整合》,载《法律适用》2020年第1期。

② 长铗、韩锋等:《区块链:从数字货币到信用社会》,中信出版集团2016年版,第260页。

教育挽救而非打击强迫的正向能量与互信价值，将科技人文协作的理念贯穿于认罪认罚从宽制度始终，让这项制度朝着更加有利于人民性共享的方向发展。

三、基于区块链技术的认罪认罚从宽司法模式建构

区块链不可篡改、去中心化解决的信任问题、公正问题，也确实是刑事诉讼制度改革发展所需要的。检察机关可以尝试利用区块链技术，布局智慧司法管理机制，探索建立这一技术为基础、参与方都能接受的刑事诉讼流程节点信任框架。

（一）融合路径的提出

1. 建立“守门人平台”。“守门人平台”，在刑事诉讼中可以理解为，通过设定司法机关额外的技术义务，完善执法司法权力运行方式，保障当事方的诉讼权利，实现程序合规和证据真实。具体而言，就是利用区块链技术建立刑事诉讼当事方权益平台，平台内容涵盖诉讼权利保障、侦查合法性、认罪协商、刑事和解等基础性内容，根据诉讼流程的不同节点，由侦查机关确认后，交由被追诉人、律师、被害人、证人等参与方分别针对性验证确认，案件经侦查机关内部流转审查确认上述内容后，再移送检察机关由其案管部门做形式审查，最后交由检察官实质审查确认。当然，形式审查在于程序上的完整，实质审查则侧重于实体上的真实，审查方式包括来源的真实性、存储的可靠性、内容的完整性以及相互印证的关联性。“守门人平台”的上述确认情况均分节点逐一实时上链锁定，建立起诉讼数据信息的全程留痕、信任共享、有序关联。

另外，鉴于区块链技术的互联网基础架构，“守门人平台”通过移动互联网即可完成操作，而区块链这种分布式数据结构，可以让所有参与方都参与“记账”且数据公开透明，保证了所有人员对上链内容直接查看且不易篡改。为了防范个人信息泄露，区块链加密技术还可以实现对相关人员隐私的保护。① 如此一来，区块链技术这只“看不见的手”就为刑事诉讼参与方之间建立信任和共识创造了基本条件。

2. 引入“智慧区块链存证”。借鉴全国首例区块链公证书的运行模式，②检察机关可以通过出具电子委托调查函的形式，会同公证机构进行线上对接，之后将认罪认罚具结书以及量刑协商全程录音录像的内容作为证据提交，线上公证机构利用区块链的共识机制自动将结果反馈并及时上链，与“守门人平台”的区块内容有机衔接，使公证机构参与到认罪认罚具结书的共识达成、数据校验与内容记录中，而刑事诉讼参与方均可通过区块链实时查看具结存证结果。“智慧区块链存证”是将线上公证融入量刑协商，旨在发挥

---

① 数据加密签名机制是区块链技术保证数据安全的关键技术。在数据加密签名机制中，首先要有一个私钥，私钥是证明个人所有权的关键，如证明某人有权从一个特定的钱包消费数字货币，是通过数字签名实现的，而这个私钥使用哈希算法，把任意长度的输入通过哈希算法计算，变换成固定长度的由字母和数字组成的输出，具有反篡改性。参见长铗、韩锋等：《区块链：从数字货币到信用社会》，中信出版集团 2016 年版，第 60 - 61 页。

② 参见闫雅强、施扬、解庆利：《北京市中信公证处区块链公证的实践和思考》，载《中国公证》2019 年第 7 期。

专业公证、同步存证固证的“国家公信力 + 技术信任力”双重增信作用，进一步约束刑事诉讼参与方的行为，解决认罪认罚具结书的透明度和公信力问题。

3. 赋予“司法确权按钮”。建立“守门人平台”、引入“智慧区块链存证”，将刑事诉讼参与方在认罪认罚案件中的具体行为写入区块链，最终在于增强审判机关对案件的内心确信，确保执法司法各环节、全流程在有效的互信与制约环境中进行。检察机关的认罪认罚具结书上链锁定，能否得到审判机关的认可至关重要。作为区块链上的最后一环，法官对上链内容拥有阶段性的司法确认权。因为法庭审理是一个动态过程，一些不可预测因素的介入进一步增加了认罪认罚案件庭审的不确定性。这种确权的目的在于，尽可能地降低庭审中的变数，充分发挥认罪认罚从宽制度的效率优势，以一种类似“庭前会议”的方式将审判机关确认认罪认罚协商工作的关口前移，法官能够提前了解案件事实、证据和法律适用等情况，为审判认定做好准备。更重要的是，区块链“司法确权按钮”的设置，最大程度上赋权法官至少从程序上对刑事诉讼参与方的合约行为进行庭前判断和肯定，这是对各参与方之间认罪认罚协商工作的信任和鼓励。

（二）参与方的行为规制

1. 上链内容的鉴真。检察机关作为兼具监督和诉讼双重职权的司法机关，在刑事诉讼中履行着重要的主导责任，必然会对照上链数据进行线下实质性审查，包括认罪认罚的真实性（防范“虚假认罪”）、自愿性（杜绝“强迫自证其罪”）、合法性（阻却“程序失范”）等；同时，由于刑事诉讼参与方的不理解、不认同、不配合等原因，拒绝链上操作确认，也要为侦查机关留足容错空间，允许提供同步录音录像等补正性材料，并结合其他参与方的上链内容综合审查；根据审查结果确认为非法的上链数据，要强制性排除，厘清责任归属，依法对侦查机关纠正违法或其他诉讼参与方以否定性评价，并及时将处理结果上链锁定。相比区块链电子证据在收集、提取阶段可能的失真，“守门人平台”更多体现为主观性、程序性证据，可控的难度系数也大为降低。以这种方式平衡侦查机关与其他诉讼参与方不对等的诉讼地位，倒逼其摒弃入罪思维倾向，在开展认罪认罚从宽时减少错误诱导。

2. 反悔行为的惩戒。如何增加被追诉人不当反悔、上诉的违约成本，使认罪认罚协商起到预防性惩戒的法律作用，设置具结书的“长臂法则”尤为必要。现有法律制度下，将被追诉人的无正当理由反悔并上诉认定为失信行为纳入社会信用体系进行评价并不现实，[①]但是建立部门联动机制下的内部信用评价指标体系是可行的。在认罪认罚协商中，明确告知被追诉人不如实供述、“纸面”悔罪、无正当理由反悔、上诉等行为可能在服

---

① 根据《国务院办公厅关于进一步完善失信约束制度构建诚信建设长效机制的指导意见》（国办发〔2020〕49号）的规定，严格限定严重失信主体名单设列领域范围，设列严重失信主体名单的领域必须以法律、法规或者党中央、国务院政策文件为依据，任何部门（单位）不得擅自增加或扩展，行政机关设定失信行为必须以具有法律效力的文书为依据。

刑期间的负面评价后果，如减刑、假释等制度的否定性违约影响，记载在具结书并同步于“智慧区块链存证”。检察机关通过建立科学的被追诉人信用评价模型，根据被追诉人不同诉讼阶段的行为表现，以“负面清单 + 正向评价”的方式作出“确有悔改表现”维度的悔罪评价，待判决生效后将评价结果及时通报执行机关，据此将认罪认罚案件的从宽与宽严相济的刑事政策无缝衔接，实现减轻诉累、规制被追诉人不当反悔的目的。当然，这种内部信用评价体系的建立，反过来也更有利于监督、规范全国监狱系统减刑、假释、暂予监外执行的制度体系。

3. 突出庭审中心。检察机关提出精确量刑建议，并不意味着可以替代审判机关提前完成庭审裁判，法院仍具有最终的审查、确认、决定的权力，审判为中心的诉讼制度更不会因此动摇、减损、虚置。当然，量刑建议的规范化将是检察机关主动争取判决认同、与审判机关长期磨合的过程。设置“司法确权按钮”的愿景是，法官通过对诉讼流程的审查确认，将庭审前置化，以此强化审判对侦查、审查起诉活动的制约，将取证合规、程序合法等庭审压力反向传导至刑事诉讼参与方，并以此监督执法、司法行为的有序规范。刑事诉讼参与方，尤其是侦查机关、检察机关对上述问题的积极回应，无疑是从理念到实践层面进一步重视审判为中心的价值和地位。

四、结语

认罪认罚从宽制度是宽严相济刑事政策在制度层面的一次重要延续和重大发展。检察机关落实这项制度的“主导责任”，是相对于刑事诉讼参与方的“主角地位”而言的。融合区块链技术，并不意味着用技术主导制度，而是以技术规范制度，利用技术动能克服司法惰性和人性弱点，实现更为高效透明的业务协同、司法信任、责权共担的司法模式；同时，区块链技术与司法制度的这种融合还是开放性的，为电子存证、远程庭审甚至“在线诉讼”都预留了接入端口，并期待促进数据共享、法律监督、犯罪治理等方面更大规模地互联互通，以推动执法司法制约的实时动态监管。

在线诉讼证人出庭作证问题研究

吴君霞*

摘要:因证人不出庭导致证言不能被有效质证,是证言真实性难以保障的关键因素。当前的在线诉讼沿袭传统路径,更关注如何保障出庭证人证言的真实性,而对证人出庭率极低的现实关注不足。如果证人不出庭,保障证言真实性的措施就失去了意义。在线诉讼为解决证人出庭提供了新契机,应充分利用在线诉讼的优势,除特殊情况外,取消证人在特定场所作证或到庭作证的要求,并利用在线诉讼思维解决出庭证人证言真实性的保障问题。

关键词:在线诉讼　证人　证人出庭

随着科技发展与司法改革的推进,在线诉讼理论设想已落地生根,成为现实的司法制度。2021 年 6 月 17 日,最高人民法院发布了《人民法院在线诉讼规则》(以下简称《规则》),它"将实践做法上升为制度规范,形成一整套在线诉讼规则体系,这在世界范围内都尚属首次。可以说,是在世界范围内树立了在线诉讼的制度标杆,为世界互联网司法的发展贡献了中国智慧和中国方案"。①《规则》为在线诉讼的大规模适用提供了明确的依据。

毋庸置疑,无论是在民事诉讼、刑事诉讼,还是在行政诉讼中,证人证言都是重要的证据材料。因而,如何保障证人如实作证,是诉讼制度设计中的重要问题。我国及其他国家的司法实践已证明,证人出庭作证,接受原被告(控辩)双方的质询,是保障证言真实性的最有效方法。如何提高证人出庭作证率,如何构建促使证人讲真话、识别证人作伪

* 吴君霞,南京森林警察学院副教授。本文系 2019 江苏省高校哲学社会科学研究一般项目(项目编号:2019SJA0509)的阶段性成果。

① 《法治深壹度:在线诉讼规则司法审判模式迎来划时代变革》,载央视网 https://tv.cctv.com/VIDEPRr3Q97BaP14dmyMTgFj210814.shtml,最后访问日期:2021 年 8 月 16 日。

证的法庭秩序，是庭审制度发展中的重要课题。在线诉讼作为新的诉讼样态，也需要在新的语境下对这一问题加以回应。

根据《规则》，在线刑事诉讼主要限于刑事速裁程序案件和减刑、假释案件。减刑、假释案件中，一般不存在证人作证问题，而刑事速裁程序案件中，被告人认罪认罚，庭审重心在于确认被告人是否自愿认罪认罚，证人也无出庭的必要性。因而，本文讨论对象仅限于民事诉讼案件和行政诉讼案件。

一、在线诉讼现行规范的重心是保障出庭证人如实作证

从线下诉讼转向在线诉讼的过程中，最高人民法院对传统线下诉讼的一些做法进行了相应改造，为在线诉讼证人出庭作证确立了基本的规范。这主要体现为以下两个方面：

（一）尽可能地维系法庭的严肃性和审判的仪式感

《规则》第 24 条规定："在线开展庭审活动，人民法院应当设置环境要素齐全的在线法庭。在线法庭应当保持国徽在显著位置，审判人员及席位名称等在视频画面合理区域。因存在特殊情形，确需在在线法庭之外的其他场所组织在线庭审的，应当报请本院院长同意。出庭人员参加在线庭审，应当选择安静、无干扰、光线适宜、网络信号良好、相对封闭的场所，不得在可能影响庭审音频视频效果或者有损庭审严肃性的场所参加庭审。必要时，人民法院可以要求出庭人员到指定场所参加在线庭审。"

在线诉讼在空间因素上，是指法官之外的人员，不必到传统法庭中来，以方便这些人员参与诉讼，也为法官高效安排庭审提供便利，从而实现提高司法效率、降低司法成本的目标。但为彰显法庭的严肃性和仪式感，根据上述规定，在线诉讼中，法官一般情况下仍需在传统的法庭中而不能在办公室等其他场所审理案件，法庭格局仍按传统诉讼进行安排，国徽、审判席位布置、法官服饰等沿袭线下诉讼的法庭样态。《规则》对证人作证时所处的场所环境也提出了要求，与正式的法庭比较，这些场所在仪式感方面虽会有所弱化，但仍应满足作证严肃性的要求。在线诉讼的法庭环境尽可能保留线下诉讼的核心元素，维持审判的仪式感，可以使证人感受到出庭作证的严肃性，甚至感到一定的压力，有利于督促证人如实作证。

（二）保障证人在审判中独立作证，防止证言污染

《规则》第 26 条第 1 款规定："证人通过在线方式出庭的，人民法院应当通过指定在线出庭场所、设置在线作证室等方式，保证其不旁听案件审理和不受他人干扰。当事人对证人在线出庭提出异议且有合理理由的，或者人民法院认为确有必要的，应当要求证人线下出庭作证。"

此条表达了两层含义：首先，在线诉讼中证人出庭作证的地点是特定的，即人民法院指定的在线出庭场所或设置的在线作证室。从实践情况来看，上述场所一般为证人所在

地法院的法庭或者安装了通讯摄像设备的房间。这种特定场所处于法院工作人员的监督管理之下,可以防止证人旁听案件审理或受他人干扰,保障证人独立作证,防止证言污染。其次,即使具备了上述条件,如果当事人提出异议,或法官认为确有必要,仍可以要求证人线下出庭作证。相较于在线作证,线下作证更有利于法官对证人作证时的神态、体态等细节进行观察,辅助判断证言的真实性。"师听五辞"[①]是我们祖先总结的辨别证言真实性的有效经验。其依据的基本原理是,人在说谎时,常会不自觉在神态、体态上有所反映。如证人作虚假陈述时,眼神可能闪烁不定、讲话不连贯等。这些神态、体态方面的反映有助于法官判断证人是否说谎。这也是《规则》将线下作证作为保留手段的原因所在。

从上述规定可以看出,当前在线诉讼关于证人出庭作证规则设置的立足点,是保障证人在法庭上如实提供证词。诚然,重视证言的真实性,防止虚假证词导致错案,并无不妥。但问题在于,多少证人会出庭作证?如果证人不出庭,仅在庭前提供证言,这些塑造法庭环境的规范就失去了意义。

二、在线诉讼现行规范对提升证人出庭率关注不足

证人出庭作证率低迷,是我国司法中的老大难问题。有学者研究显示,在作为研究对象的五个法院中,民事案件证人出庭率最低为4.9%,最高14.6%。[②] 这种证人低出庭率的状况,长期以来都没有得到有效改善。在证人不出庭接受询问的情况下,原被告(控辩)双方对书面证言的辩驳多是自说自话,经常陷入"发誓比赛",事实真相亦难以查明。这也是近年来我国推进庭审实质化改革的动因所在。

线下诉讼证人出庭率低,除却其他因素影响外,"证人出庭不便、距离法庭路途遥远,加之人口流动性大的现状,使得证人本身由于出庭耗费时间精力过多不愿出庭,控辩双方因为组织证人需要付出较多成本而申请证人出庭的意愿不强烈",[③]也是重要原因。《规则》将在线诉讼作证的地点设为证人所在地的法院,而不必到开庭法院出庭,削弱了上述因素对证人作证的不利影响,有利于激励证人出庭作证。但从方便证人出庭作证及可行性角度观察,《规则》还存在较大不足。相较于到审判法院出庭作证,证人与其所在地法院一般距离更近,对证人而言的确更为便利,但我国地域辽阔,在许多情况下,证人即便到当地法院作证,路程依然较远,对其生活仍会带来较大不便。同时,此种出庭场所的使用,需要不同地区、不同级别之间的法院进行协商,这将使法院之间的协作能力面临挑战。毋庸讳言,我国各地法院"案多人少"的矛盾普遍突出,在自身工作压力较大"自顾

① 《书·吕刑》:"两造具备,师听五辞,五辞简孚,正于五刑。"孙星衍疏:"五辞,即五听也。《周礼·小司寇》职以五声听狱讼,求民情,一曰辞听,二曰色听,三曰气听,四曰耳听,五曰目听。"

② 参见王亚新:《民事诉讼中的证人出庭作证》,载《中外法学》2005年第2期。

③ 程银、朱若荪、谢丽珍:《论证人出庭"温州经验"的新挑战与实务应对》,载《法律适用》2019年第1期。

不暇”的情况下,为配合其他法院工作,专门安排场所、人员、设备进行在线作证,不少法院势必缺乏积极性,对协作不力者也难以追究责任。此外,不同法院之间工作方式不同、作息时间不一致,有些法院甚至根本没有可以用于视频开庭的场所,这些因素都妨碍着证人在线作证规定的落实。上述问题,有些是努力后可以解决的,有些则是较长时间内都难以解决的。这也意味着,若坚持当前证人在线出庭作证的方式,证人出庭作证率是难以有效提升的。

三、用在线诉讼思维提升在线诉讼的证人出庭率

《规则》将在线诉讼证人作证的重心放在保障出庭证人证言的真实性上,可能是囿于证人出庭率长期难以提升的现实而进行的安排。这明显受到线下诉讼传统惯性的影响,没有充分意识到在线诉讼为解决证人出庭率低这一难题提供的契机,即证人更充分地出庭作证对于解决证言真实性问题更为重要。证人与诉讼通常没有大的利害关系,其对诉讼结果不太关心,出庭作证的积极性往往不高。提高证人出庭作证率,除了改善其他影响证人出庭作证的因素外,重要一点是尽可能降低出庭作证给证人生活带来的不便,而在线诉讼的便捷性正契合了这一要求。因而,对于证人出庭作证,应充分发挥在线诉讼的优势,摆脱传统线下诉讼的思维桎梏,为证人出庭提供便利。为提高证人出庭作证率,可从以下两个方面着手:

(一)取消证人在特定地点作证的要求

根据《规则》第 7 条、第 11 条的规定,当事人参与在线诉讼,仅需在诉讼平台完成身份认证后,即可通过诉讼平台进行相关诉讼行为。当事人无论是通过手机还是电脑,无论是在家里还是在宾馆,无论是提交诉讼材料还是进行法庭辩论、质证,均可通过诉讼平台完成相关诉讼活动。在诉讼活动中,当事人对诉讼的参与度和需要完成的任务远超证人,如果当事人无须在特定地点就能完成在线诉讼活动,证人原则上也应当是可以的。

《规则》对证人作证的环境作出有别于当事人的安排,与二者在诉讼中所承担的真实义务不同有关。如在民事诉讼中,当事人虽有法定的如实陈述义务,但当事人与案件结果有实质上的利害关系,如实陈述可能承担败诉的不利法律后果,法律本就不能期望其对案件事实全部如实陈述。否则,很多诉讼可能就不会被提起。但证人则不同,其与诉讼结果一般无直接利害关系,法律对其如实作证可以有更高的期待。根据司法解释,在线下诉讼中,证人出庭时应在如实作证的保证书上签名或者捺印。① 在实践中,当证人证言与当事人陈述相矛盾时,从利害关系考虑,一般可考虑给予证人证言更高的证明力,这种对证人如实作证义务的高期待,也体现在对证人作证环境的特殊要求上。这可能就是在作证场所方面,《规则》区别对待当事人与证人的原因所在。

---

① 参见《最高人民法院关于适用〈中华人民共和国民事诉讼法〉的解释》第 110、119、120 条。

但问题在于，对于证人证言真实性的保障，是否一定要通过指定特定作证场所来实现？通过指定特定场所保障证言的真实性，是线下诉讼思维的惯性延续，没有充分挖掘在线诉讼的优势。指定特定场所的目的在于保障证人作证时不受外部影响，独立作证。一个场所只要能达到此种要求，就应是合适的作证场所。由于疫情的影响，许多学校近两年的研究生面试均是通过网络进行的。这种面试的严肃性并不亚于在线诉讼，但学校并无指定特定场所进行面试，事实上也难以指定。实践中，学生选择的面试场所常在家里、宾馆，或者宿舍。只要满足系封闭场所，没有第三人在场，不能借助有关资料信息回答问题等条件，就是合格的面试场所。与之类似，只要能满足证人在作证过程中不受外部影响，仅根据自己了解的案件情况作证，就应当是合格的作证场所。

（二）探索平衡证人便捷出庭与保障证言真实性的新路径

在线诉讼为证人便捷出庭提供了可能，但仍应遵循保障证言真实性的基本要求，只不过实现方式可根据在线诉讼的特点进行调整。具体路径如下：

1. 设定合格在线作证场所应满足的基本条件。证人在线作证虽然无须到特定场所，但作证场所同样应满足单独作证的基本要求：首先，场所应是封闭的；其次，该场所符合安静、无干扰、光线适宜、网络信号良好等条件；最后，该场所能正常接入诉讼平台参与诉讼活动。场所的封闭性，是保证证人独立作证的基本条件。此外，作证场所还应当符合法庭严肃性的要求，不得在有损法庭严肃性的场所作证。作证场所的严肃性可以促使证人认真对待作证行为，如实作证。

2. 建立微信、支付宝等公众常用的网络可视化工具与诉讼平台的对接，为证人在线作证提供便利。对于在线诉讼平台，最高人民法院早期没有统一要求，除“中国移动微法院”外，不少地方法院也有自建的在线诉讼平台。截至 2022 年年初，“我国智慧法院建设取得了十分显著的成效，全国 3500 多家法院都构建并联通了以中国移动微法院、人民法院调解平台等为载体的在线诉讼和调解平台。各地法院还形成了不同形式、覆盖不同业务阶段、各具特色的智慧法院建设和应用探索经验。但门户各异、功能参差、数据孤岛等现象仍不同程度存在，也给广大用户带来诸多不便。”[①]为解决存在的问题，最高人民法院制定并发布了《人民法院在线运行规则》，提出“各级人民法院应当优先推广应用全国法院统建信息系统，推进各地法院自研系统接入相应全国统建系统”。[②] 目标是打造在线服务的统一入口。但在诉讼平台建设过程中，应充分考虑为证人接入平台提供友好的路径。若接入路径不便，需要下载专用的 App，一些证人就可能嫌麻烦而放弃作证。为此，法院应将诉讼平台与微信、支付宝、钉钉等民众常用的网络工具对接，尽可能为证人接入

① 《最高法举行〈人民法院在线运行规则〉新闻发布会》，载 http://www.scio.gov.cn/xwfbh/gfgjxwfbh/xwfbh/44193/Document/1720600/1720600.htm，最后访问日期：2021 年 11 月 10 日。

② 《人民法院在线运行规则》第 42 条。

诉讼平台提供便利。在先前的改革试点中,一些地方已成功通过微信小程序等进行了在线开庭,效果良好。[①] 应吸收此类改革的成功经验,在打造统一在线诉讼入口的同时,注意为民众寻找入口提供便捷的路径,提高证人出庭作证的积极性。

3. 明确保障证人独立作证的具体方法。在诉讼开始前,书记员应事先将作证场所条件通知证人,引导其选择合适的作证场所。证人接入诉讼平台后,正式作证前,应引导证人用摄像头扫描整个作证场所,排除第三人在场及场外人员在作证过程中与证人沟通的可能性;清理文字资料,排除证人在作证过程中阅读相关信息的可能性。在作证过程中,证人面部、上半身及手部应出现在屏幕上;并确保摄像头对准作证场所出入口方向,保持作证过程中该场所的封闭性,以使证人不受干扰、独立进行作证。

---

① 参见成都市中级人民法院:《保护和方便证人 成都法院率先尝试远程作证和"隐蔽作证"》,载搜狐网 http://www.sohu.com/a/224571097_99998872,最后访问日期:2021 年 12 月 20 日。

检察机关提起政府信息公开公益诉讼之反思与展望

沈定成　苏和生*

摘要：依职权主动公开信息的行政行为具有显著的公益性。在理论层面，对知情权进行解构分析可知其具有公益属性。在法规范层面，当前法律规范蕴含着保障信息公开公共利益之核心要义。检察机关提起政府信息公开公益诉讼兼具监督政府机关公开信息及保护公益(公众一般知情权)之双重功能。政府信息公开公益诉讼的直接功能在于监督政府机关依法主动公开信息，而保护公益仅仅是政府信息公开公益诉讼的间接功能。此外，可以从必要性、现实性及可行性三个层面来把控政府信息公开公益诉讼制度逻辑展开的方向。

关键词：政府信息公开诉讼　行政公益诉讼　检察机关　一般知情权

一、反思：政府信息公开公益诉讼的法理阐释

(一)理论层面的公益属性分析

政府信息公开公益诉讼因保护公民一般知情权(right to know)①而具有显著的公益性。知情权是指公众有获取、知晓与其相关信息的权利，据此产生行政机关公开信息的义务，信息公开也是行政机关依法行政的内在要求。政府信息公开可分为当事人依申请

---

* 沈定成，江苏省法学会研究处副处长，江苏省法学会习近平法治思想研究中心研究员、中国法治现代化研究院研究员，法学博士；苏和生，复旦大学法学院诉讼法学专业博士研究生。本文系江苏省第五期“333 高层次人才培养工程”科研资助项目“政府信息公开司法审查制度研究”(BRA2020274)阶段性成果，南京市法学会法学研究重大课题“南京都市圈优化营商环境的法治保障研究”[NJFX(2021)A03]阶段性成果。

① 知情权是信息时代迅速生长起来的一项新兴、新型基本人权，其于 2007 年写入党的第十七次全国代表大会报告中，之后又于 2009 年被写入中国首部《国家人权行动计划》之中。对公众知情权的保护主要是通过政府信息公开制度来实现的。知情权应当成为信息时代的基本人权的理念已在中国社会各界获得了普遍认同，但作为宪法与法律层面上的基本权利属性并未得到宪法与法律的实际确认。即使在被公认为对知情权给予最全面的行政法规保护的《政府信息公开条例》中，也依然没有关于知情权的直接性规定。有学者对此的解释是，由于行政法规无权设定基本权利，所以《条例》无法赋予保护公民知情权的名义。这也从另一个层面表露出宪法与法律对知情权予以确认的必要性和紧迫性。参见赵正群等：《政府信息公开法制比较研究》，南开大学出版社 2013 年版，第 19 页。

公开和政府依职权主动公开。但在既有研究中,许多学者也倾向于将依职权公开与依申请公开的情形进行合一化、杂糅化分析,而没有对两种不同性质的行政行为展开类型化分析,进而忽略了政府信息公开诉讼制度内涵的多元性和庞杂性。

依申请公开信息的利益权源来自特定的知情权,即为保护公民的特定知情权,行政机关应当履行披露政府信息的职责,由此可知,依申请公开的行为具有外部化的属人性,对特定主体产生法律拘束力。① 与之相对应,依职权主动公开信息的权源来自一般知情权或普遍知情权,该权利得以实现之后具有对世效力,作用的对象范围是不特定的社会公众。不特定公众的权益遭受侵害之时,这种侵害的表现形式是普遍性的、抽象的及不可分割的。正如有的学者所言,以普遍知情权为请求权基础而提起的信息公开诉讼是典型的行政公益诉讼。② 知情权属性内涵的不同层面导致了信息公开诉讼不单单是一个私益性的诉讼体系构造,其完整的诉讼体系中还囊括了救济公共利益的信息公开公益诉讼。在知情权复合权利之本质属性的内核之中,需要进行私益与公益的二元划分。这是政府信息公开司法救济制度体系化构建的逻辑起点。同时也符合《政府信息公开条例》(以下简称《条例》)将依申请公开和依职权主动公开分不同章节予以规定的合体系性要求。简言之,对信息公开领域司法救济的路径也呈现二元分化的态势——对于特殊知情权,通过传统政府信息公开诉讼来保护即可,而对于公众一般知情权,则需通过政府信息公开公益诉讼保护。

政府信息公开公益诉讼作为典型的客观诉讼而具有公益性。据诉讼目的与诉讼构造可以将行政诉讼划分为主观诉讼和客观诉讼,主观诉讼强调对主观权利及侵害争议的审理与裁判,其将救济权利作为诉讼目标;客观诉讼则强调对行政行为合法性的审理和裁判,其将公益保护作为诉讼目标。③ 客观诉讼理论的关键之处在于,通过对不当行政行为的司法审查,达到保护客观规范所对应的社会公共利益。④ 法律规范中所蕴含的公共利益具有概括性、抽象性的特征,其通过客观诉讼的形式来予以保护更为妥当。所以,辨别是否为客观诉讼的核心取决于行政行为是否将普遍的公共利益及客观法秩序置于受

① 参见叶必丰:《具体行政行为框架下的政府信息公开——基于已有争议的观察》,载《中国法学》2009 年第 5 期。

② 参见郑涛:《政府信息公开申请人之原告适格辨析——兼评“陆红霞案”》,载《北京社会科学》2020 年第 3 期。

③ 主观诉讼和客观诉讼的特征有着明显的区别:第一,诉讼目的。前者强调保护特定主体主观公权力,后者主要表现为维护客观法秩序。第二,原告资格。前者是主观权利受到影响的相对人,后者是认为受行政行为不利影响的相对人。第三,审查对象。前者是权利主张及合法性争议,后者是行政行为的合法性。第四,裁判内容。前者是解决行政纠纷,后者是认定行政行为是否合法。第五,判决效力。前者主要是约束当事人而无对世效力,后者主要是约束当事人且有对世效力。参见薛刚凌:《行政公益诉讼类型化发展研究——以主观诉讼和客观诉讼划分为视角》,载《国家检察官学院学报》2021 年第 2 期;刘艺:《构建行政公益诉讼的客观诉讼机制》,载《法学研究》2018 年第 3 期;湛中乐、尹婷:《环境行政公益诉讼的发展路径》,载《国家检察官学院学报》2017 年第 2 期。

④ [法]莱昂·狄骥:《公法的变迁·法律与国家》,郑戈、冷静译,春风文艺出版社 1999 年版,第 11 页。

侵害的风险之中。[①] 我国目前的政府信息公开诉讼属于传统的主观诉讼领域的范畴,其重心是以保护特殊个体(公民、法人或其他组织)的合法权益为目的。[②] 当行政机关未尽到依职权主动公开信息时,公众的一般知情权已受到侵害,基于维护不特定公众公益性权益的宗旨而提起的行政公益诉讼,其本质上属于客观诉讼。从比较法的角度视之,大陆法系诸多国家均将主观诉讼作为构建行政诉讼制度的背景框架,而客观诉讼只是在极其例外的情况下才被适用到。[③] 但在公益诉讼领域,客观诉讼的特性彰显是较为明显的。客观诉讼的缺失是我国政府信息公开司法审查的明显短板。正如有学者所指出的,要想构建完备的行政诉讼制度,需要将公益救济和私益救济相结合,其在理论层面凸显的是客观诉讼与主观诉讼的有机结合,构建维护公共利益为目标的客观诉讼制度是优化行政诉讼制度的一个重要方向。[④]

(二)法解释层面的公益属性解读

公共利益的界定在行政公益诉讼中具有极高的法治地位,与之相比,其他和公益相联系的概念、主体及程序规则都只是其正当性的延伸内容,而非公益诉讼制度之正当性本身。[⑤] 对《条例》展开规范分析可以看出,《条例》已将信息公开中是否涉及"公共利益"作为是否应当公开政府信息的考量因素。例如,《条例》第 15 条及第 32 条规定,在涉及商业秘密、个人隐私而对第三方合法权益造成侵害的,即使第三方不同意公开信息,但行政机关认为不公开信息会损害公共利益的,也应当公开。第 44 条第 2 款规定,对于依申请公开的信息,公众认为该信息涉及公共利益、需要大众广泛知晓或积极参与决策的,可以向政府部门建议将其纳入主动公开的范围。行政机关经审核确定的,应将该信息纳入依职权主动公开的行列。[⑥]

2011 年《最高人民法院关于审理政府信息公开行政案件若干问题的规定》(以下简称《审理信息公开规定》)第 3 条规定:"公民、法人或者其他组织认为行政机关不依法履

① 参见刘艺:《构建行政公益诉讼的客观诉讼机制》,载《法学研究》2018 年第 3 期。

② 参见林莉红、马立群:《作为客观诉讼的行政公益诉讼》,载《行政法学研究》2011 年第 4 期。

③ 法国作为例外,行政诉讼是围绕旨在确保行政权合法行使的撤销诉讼来建构的。学理界亦将行政撤销诉讼尤其是越权之诉划为客观诉讼,除了学者对主观诉讼与客观诉讼的定义认识有所差异外,更主要的是法国的行政撤销诉讼的范围与德国、日本等有很大的差异。具体参见王名扬:《法国行政法》,中国政法大学出版社 1988 年版,第 667 页。

④ 参见于安:《行政诉讼的公益诉讼和客观诉讼问题》,载《法学》2001 年第 5 期。

⑤ 参见关保英:《行政公益诉讼中的公益拓展研究》,载《政治与法律》2019 年第 8 期。

⑥ 《条例》第 15 条规定:"涉及商业秘密、个人隐私等公开会对第三方合法权益造成损害的政府信息,行政机关不得公开。但是,第三方同意公开或者行政机关认为不公开会对公共利益造成重大影响的,予以公开。"第 32 条规定:"依申请公开的政府信息公开会损害第三方合法权益的,行政机关应当书面征求第三方的意见。第三方应当自收到征求意见书之日起 15 个工作日内提出意见。第三方逾期未提出意见的,由行政机关依照本条例的规定决定是否公开。第三方不同意公开且有合理理由的,行政机关不予公开。行政机关认为不公开可能对公共利益造成重大影响的,可以决定予以公开,并将决定公开的政府信息内容和理由书面告知第三方。"第 44 条第 2 款规定:"对行政机关依申请公开的政府信息,申请人认为涉及公众利益调整、需要公众广泛知晓或者需要公众参与决策的,可以建议行政机关将该信息纳入主动公开的范围。行政机关经审核认为属于主动公开范围的,应当及时主动公开。"

行主动公开政府信息义务，直接向人民法院提起诉讼的，应当告知其先向行政机关申请获取相关政府信息。对行政机关的答复或者逾期不予答复不服的，可以向人民法院提起诉讼。”根据本条之规定，对于未主动公开信息的行为，民众需要先行通过依申请的迂回方式来实现权利保护。有学者认为，通过个案的诉讼救济，政府信息公开对象的范围是有限的（只针对原告），其并不必然导致行政机关主动公开该政府信息，将来是否有必要建立直接针对依职权主动公开信息行为的公益诉讼制度，还需根据法律实践发展的需求而定。① 针对不依法主动公开信息的可诉性问题，《审理信息公开规定》（征求意见稿）对此曾经规定：“行政机关主动公开或应当主动公开而未公开政府信息侵犯合法权益的，属于行政诉讼受案范围。”有的学者指出，该条有公益诉讼或客观诉讼的意味，没有原告必须与相应信息公开“有利害关系”的要求。② 实际上，《审理信息公开规定》第3条将行政行为主动依职权公开信息的行为转变为依申请的行政行为，这种规定混淆了依职权的行政行为与依申请的行政不作为的构成要件。其原因是行政机关应主动公开的信息而未公开，损害的是不特定多数人的利益，由此产生的诉讼是公益诉讼。因此，学者指出，政府信息公开诉讼（特别是主动公开行为）最需要纳入行政公益诉讼的类型。因为行政机关未依职权主动公开的行为侵犯的不只是特定申请人个人的利益，而是侵犯整个公众的知情权。③

针对侵害特定公众知情权的具体行政行为，受到侵害的特定主体可据此提起行政诉讼，这在实践及理论层面都无可非议。但对于行政机关未依职权公开或依职权不当公开信息的抽象行政行为是否应当将其纳入可诉性的范围之内，学界一直存在争议。④ 从比较法的角度视之，域外许多国家采取将抽象行政行为纳入司法审查的领域。⑤ 根据我国2014年《行政诉讼法》修订所体现的立法意图可知，当下的立法尝试将具体行政行为与抽象行政行为之机械性划分，转而用笼统的“行政行为”来囊括所有的情形。据此，这一立法变化在政府信息公开领域，同样可以印证依职权主动公开信息具有公益性的法理基础。在本应当由行政机关依职权主动公开信息的情况下，行政机关却怠于履职，未主动公开信息或公开的信息是不及时的、不完整的、虚假的，该行为（包含作为与不作为）由此

---

① 参见王万华：《知情权与政府信息公开制度研究》，中国政法大学出版社2013年版，第256－257页。

② 参见江必新：《〈最高人民法院关于审理政府信息公开行政案件若干问题的规定〉理解与适用》，中国法制出版社2011年版，第49页。

③ 该学者进一步指出，可以考虑让检察院或公共利益团体代表公众提起公益诉讼。参见杨建生、廖明岚：《政府信息公开诉讼的原理与技术研究》，知识产权出版社2019年版，第51页。

④ 例如，有的学者主张，授权公众质疑政府政策，可以更大程度和更大范围地保护公众的知情权。在公益诉讼救济模式下，任何限制知情权的行政行为，不论是具体行政行为还是抽象行政行为都具有可诉性。关于抽象行政行为可诉性的讨论，具体参见林爱珺：《构建公益诉讼的知情权救济模式》，载《南京社会科学》2011年第4期；谢尚果、江南：《行政诉讼受案范围若干问题的思考》，载《湘潭大学学报（哲学社会科学版）》2006年第6期；刘德兴、黄基泉：《抽象行政行为应纳入行政诉讼受案范围》，载《现代法学》2000年第3期。

⑤ 参见林爱珺：《知情权的法律保障》，复旦大学出版社2010年版，第176页。

产生的损害是直接性或间接性的，由此行政法律关系主体间产生了直接或间接的利害关系。相应地，利害关系人可以据此提起行政诉讼，此时该诉讼的目的、判决的效力不单单保护起诉主体的个人私益，同时还维护了社会公众知晓政府信息之公共利益。因此，从本质上看，该诉讼应当被界定为公益诉讼。

二、定位：政府信息公开公益诉讼的功能分析

在法律规范层面，通过对表1中涉及诉前程序与提起诉讼功能之法律规范分析，似乎可以得出结论：行政公益诉讼诉前程序的直接目的是监督行政权，而提起诉讼的直接目的则是保护公益。学界对诉前程序目的、提起公益诉讼目的的讨论存在较大的争议。[①]蔡虹教授主张行政公益诉讼诉前程序的目标是由检察机关来监督公益维护领域的行政执法行为，而提起行政公益诉讼的目的则是保护特定领域的公益，诉讼过程中检察机关不得行使法律监督权，否则公益诉讼结构会由此受到毁损。[②] 有学者则认为，诉前程序的目的包含两个方面，即公益保护和行政执法监督，但检察机关提起诉讼的目的则仅仅是为了保护公益。[③]

表1 行政公益诉讼中体现诉前程序与提起诉讼功能的法律规范[④]

文件名称	《工作决定》	《试点方案》	《审理办法》	《行政诉讼法》	《两高解释》
诉前程序之功能	提起公益诉讼前，人民检察院应当依法督促行政机关纠正违法行政行为、履行法定职责	督促其纠正违法行政行为或者依法履行职责	第40条	第25条第4款	第21条、第31条第1款
提起诉讼之功能	维护国家利益和社会公共利益	维护国家和社会公共利益	第28条	第25条第4款	第2条、第31条第2款

① 参见潘剑锋、郑含博：《行政公益诉讼制度目的检视》，载《国家检察官学院学报》2020年第2期。

② 参见蔡虹：《检察机关的公益诉权及其行使》，载《山东社会科学》2019年第7期。

③ 参见沈开举、邢昕：《检察机关提起行政公益诉讼诉前程序实证研究》，载《行政法学研究》2017年第5期；刘艺：《检察公益诉讼的司法实践与理论探索》，载《国家检察官学院学报》2017年第2期；邢昕：《行政公益诉讼启动标准：基于74份裁判文书的省思》，载《行政法学研究》2018年第6期。

④ 参考的规范为：2015年《全国人民代表大会常务委员会关于授权最高人民检察院在部分地区开展公益诉讼试点工作的决定》（行文中简称《工作决定》）、2015年《检察机关提起公益诉讼改革试点方案》（行文中简称《试点方案》）、《人民法院审理人民检察院提起公益诉讼案件试点工作实施办法》（行文中简称《审理办法》）和2018年《最高人民法院、最高人民检察院关于检察公益诉讼案件适用法律若干问题的解释》（行文中简称《两高解释》）。

笔者认为，在政府信息公开公益诉讼领域，政府信息公开公益诉讼的直接功能是监督行政权，间接功能是保护公共利益。事实上，检察机关参与行政公益诉讼（无论是诉前程序还是提起公益诉讼）的直接功能应当是监督行政权，而非喧宾夺主地替代行政机关来直接维护特定领域的公共利益。如果认为诉前程序或提起公益诉讼的目的是保护公益，由此得出政府信息公开公益诉讼制度的设置是为了实现客观上的公益保护功能，这实际上混淆了诉前程序及提起诉讼的直接功能和间接功能的关系。从本质上看，政府信息公开公益诉讼的直接功能就是监督政府依职权主动公开信息，而维护特定公益（公众一般知情权）只是监督功能之下发挥的间接性功能。政府信息公开领域中公共利益得以维护直接取决于政府机关履行职责而依职权主动公开信息，而非取决于检察机关的法律监督行为。检察机关提起政府信息公开公益诉讼，其直接功能就在于监督政府机关尽职尽责地主动公开信息，由此而产生的保护公益的效果则是直接功能的辐射效果，即发挥的是间接功能。此观点的具体理由如下：

一方面，检察机关监督行政机关主动公开信息之直接功能的实现，有助于将诉前程序与诉讼程序进行有机结合。诉讼与监督之间具有内在的关联性，其都拥有保障法制的功效，诉讼作为监督的手段，而监督又能以诉讼的方式来实现。① 事实上，检察机关诉前发出检察建议或提起公益诉讼，这均是行使法律监督权的手段及表现方式。诉前发布的检察建议属于非诉讼形式的督促模式，相较于诉讼监督模式，其强制性较弱。② 当行政机关不依职权主动公开信息而使公共利益受侵害时，检察机关先通过诉前程序，发布检察建议来督促政府机关纠正不主动公开信息的行为。当非诉讼监督模式并未发挥督促功能时，再由检察机关提起行政公益诉讼，以诉讼的形式监督行政机关积极履行主动公开信息的法定职责。

另一方面，检察机关更擅长法律监督行为，其对法律监督权的行使有着长期丰富而坚实的实务经验和理论基础。以监督行政机关依法主动履行公开信息作为其直接功能，有助于检察公益诉讼规范化、良性化地运行。相反，过度扩张的公益司法权会致使行政行为产生“失灵”的风险。以行政手段应对信息公开的管理、救济和预防是优先选择的方式，而信息公开公益司法权应该保持适度谦抑，严守其自身边界。在中国法的语境下，司法机关并非公共利益的直接保护者，而政府机关才是公共利益的主要保护者，其通过行政管理、行政干预、行政裁量等行为措施来直接参与公共事务的治理。对比之下，检察机关是法律监督机关，这一宪法定位使得检察机关需要积极督促行政机关纠正侵害公共利益的违法行为，为公益保护提供优质的公共服务。③

---

① 参见孙谦：《设置行政公诉的价值目标与制度构想》，载《中国社会科学》2011 年第 1 期。

② 参见潘剑锋、郑含博：《行政公益诉讼制度目的检视》，载《国家检察官学院学报》2020 年第 2 期。

③ 参见潘剑锋、郑含博：《行政公益诉讼制度目的检视》，载《国家检察官学院学报》2020 年第 2 期。

三、展望:政府信息公开公益诉讼的逻辑展开

(一)必要性逻辑

有学者通过考察2008年至2018年全国四个省份的政府信息公开年度的报告后发现,信息公开实践遭遇着数据不明、政府机关答复理由较为随意、公众的救济手段较为单一等困境。[①] 在事后救济层面,行政复议及传统的信息公开诉讼不足以化解"公众救济手段单一"之困境,不能最大限度地保障公民知情权,也无法合理地解释信息公开公益性纠纷的可诉性问题。通过构建政府信息公开公益诉讼制度可以弥补实践缺陷、填补理论漏洞,实现行政与司法并行(行政复议—公益诉讼与私益诉讼)之双重救济模式,将助力于我国政府信息公开诉讼制度的纵深化改革和持续性发展。

构建政府信息公开公益诉讼制度有利于最大限度地保障公民的知情权。政府信息公开公益诉讼作为保护公共利益之重要渠道,其通过信息公开、信息共享、信息透明之方式,促进社会治理、法治政府的建构,保障社会公益事务稳步推进。如前文所述,由于缺乏对一般知情权的司法救济途径,当前的政府信息公开诉讼制度并不能周延性、妥善性地保障公众知情权。实践中,公众探求公开信息的请求被行政机关以"信息不存在""信息属于国家秘密""信息公开可能危及国家安全、公共安全、经济安全和社会稳定"为借口而拒绝公开的情形不在少数。正因为没有赋予公众一般知情权之司法保障途径,致使社会公众无法定夺或者错误判断与自身利益相关的情形,使其利益大受损害。行政机关应该公开政府信息,公民对行政的知情及参与是实现人民主权的基本前提。[②] 政府权力的运行需要与公众知情权、参与权相制衡,公众有权知晓行政机关的权力运行过程。政府有义务公开信息使公众参与到行政行为中,进而实现人民主权。[③] 风险社会是现代社会的认知的普遍视角,特别是面对那些突如其来的公共卫生事件、环境污染等天灾人祸,政府部门还故意隐瞒或者故意发布一些虚假信息,致使社会公众受到信息误导,公众的生命权、知情权、参与权受到侵害。公益诉讼作为维护公共利益的司法救济手段,其承载着现代民主社会中妥善化解公益纠纷的重要功效,发挥着保护公众知情权的功能。简言之,构建政府信息公开公益诉讼制度有助于弥补传统信息公开诉讼的缺陷,进而全面化、深入化、体系化地保障公民的信息知情权。

(二)现实性逻辑

虽然当前立法确定了"主动、全面、及时公开信息"之原则,但主动公开实践仍遭遇瓶颈。同时,信息公开诉讼的实践运行也并不顺利,政府信息公开司法监督遭遇诸多困境,具体表现为:

---

① 参见肖燕雄、颜美群:《政府信息公开标准化建设问题与方向探析——基于政府信息公开年度报告的视阈》,载《广西社会科学》2020年第9期。

② 参见杨建生、廖明岚:《政府信息公开诉讼的原理与技术研究》,知识产权出版社2019年版,第144页。

③ 参见向佐群:《政府信息公开制度研究》,知识产权出版社2007年版,第30页。

一方面,依职权主动公开的案件难以接近司法。具有公益属性的诉讼请求能够彰显政府信息公开制度保障公民知情权的核心价值,但实践中涉及公共利益的诉求常常只是以私人诉求的方式呈现。[①] 有的法院通过调研后指出,公民个人和主动公开政府信息的行为无直接利害关系,公众针对不主动公开信息的行为进行起诉,实质上并不具有诉的利益,该起诉具有公益诉讼的特质,法院不应当受理。[②]《条例》第 51 条规定申请人权益救济路径,[③]当相关主体通过向上一级行政机关或者政府信息公开工作主管部门投诉、举报、申请复议之后仍无法满足其诉求,是否还可以提起诉讼,对此情形当前的法律规范并未做出回答,这直接导致了依职权主动公开信息案件诉诸司法的路径遭遇合法性困境。有学者通过考察诸多信息公开诉讼案件实践运行情况后指出,原告败诉的一项重要原因是我国缺乏信息公开公益诉讼制度,进而导致实践中常常遭遇原告不适格的困境。[④]

另一方面,公众行使监督权的能力有限且积极性较低。针对行政机关依职权主动公开的信息,当行政机关不履职主动公开信息时,由于缺失具体的行政相对人,信息公开私益诉讼并不能发挥其应有的功效。[⑤] 实践中,公众提起政府信息公开诉讼的能力十分有限,主要原因在于,获知信息存在不对称性、公民收集证据能力的有限性、诉讼参与效果的低效性。当事人在信息公开诉讼中诉讼请求获得支持,司法救济得以实现的情形还是少数,与之相反,大部分是以“驳回起诉”收尾。[⑥] 此外,在涉及建设工程、征地拆迁、政府采购、资金审计等公共资源配置的信息公开情形中,特定主体起诉的目的附有信访的意图,这也反映出当前公民通过司法手段监督信息公开的渠道较窄,未能涵盖侵害不特定多数人权益的政府主动公开信息,进而使公众希望通过信访手段来为政府机关施压。依职权主动公开信息作用的对象范围是不特定的社会公众,正是由于受众主体不特定,实践中常常出现的情况是,不特定公众的一般知情权受到侵害后,特定主体却并不自知,且主观上表现为:貌似受到侵害的一般知情权与自身的利益无直接利害关系,即使有关系也是联系较为微弱的间接关系。对此,公众没有动力去维护较为抽象的知情权。

---

① 参见赵正群、董妍:《中国大陆首批信息公开诉讼案件论析(2002—2008)》,载《法制与社会发展》2009 年第 6 期。

② 参见李广宇:《政府信息公开司法解释读本》,法律出版社 2015 年版,第 127 页。

③ 《条例》第 51 条规定:“公民、法人或者其他组织认为行政机关在政府信息公开工作中侵犯其合法权益的,可以向上一级行政机关或者政府信息公开工作主管部门投诉、举报,也可以依法申请行政复议或者提起行政诉讼。”

④ 参见赵正群、董妍:《中国大陆首批信息公开诉讼案件论析(2002—2008)》,载《法制与社会发展》2009 年第 6 期。

⑤ 参见陈书全:《政府信息公开行政相对人权利救济机制研究》,载《中国海洋大学学报(社会科学版)》2012 年第 5 期。

⑥ 参见秦小建:《政府信息公开的宪法逻辑》,载《中国法学》2016 年第 3 期。

（三）可行性逻辑

1. 行政公益诉讼受案范围理性拓展之可行性

“公共利益”自身内涵之普遍性、广阔性实际上暗示着公益诉讼受案范围拓展的可能性。[①] 笔者认为，对于涉及公共利益的都应当予以全方位的保护，而不应当仅作片面化、选择化的处理。即需要对“公益”的范围作合理的扩张解释。较为理性的做法是对公共利益的范围作实质性的解释。具体在政府信息公开司法审查领域，前期以立法所规定的行政公益诉讼的受案范围为基础展开探索，[②]将生态环境保护、食药品安全、国有财产保护、国有土地使用权出让这四个领域中行政机关依职权主动公开信息的行为纳入受案范围。这四大领域的行政行为本身就属于行政公益诉讼的受案范围，其依职权主动公开信息的行为也应当纳入受案范围之列。此外，从实质化保障信息公开公益的立场出发，后期可尝试将政府信息公开公益诉讼的范围延伸到其他公共管理领域。

2. 检察机关主体资格与诉前程序的正当性

检察机关提起政府信息公开公益诉讼具有其内在的正当性基础，此处主要以检察机关的主体地位和诉前程序为切入点展开分析。

一方面，主体资格之理性定位为检察机关提起政府信息公开公益诉讼的可行性提供了正当性基础。根据《宪法》之规定，我国的检察机关是法律监督机关，在公共利益受到侵害时，其通过行使法律监督权来维护社会公共利益。检察机关对法律实施展开监督，实现纠错及维护客观法秩序的目标。[③] 由检察机关履行法律监督职责可知，行政公益诉讼实质上属于客观诉讼，强调维护秩序公益。当行政机关不履职而导致社会公益受损时，督促行政机关积极履职、依法行政，这也是法律监督的内在要求。[④] 其提起行政公益诉讼不牵涉其自身的利益，也体现客观诉讼的本质。在政府信息公开领域也确实存在由于信息公开（包括作为和不作为）行为而侵害不特定公众权益的情况，但这种情况往往面临社会关注度不够、公民缺乏诉讼监督的积极性之困境。检察机关提起政府信息公开公益诉讼并不会减损公民通过其他途径行使监督权；相反，这是对公民监督权的有效补充。此外，根据《行政诉讼法》第 25 条第 4 款的规定，[⑤]只有检察机关可以作为适格主体而提起行政公益诉讼，即检察机关具有唯一性的原告资格，而公民个人及其他组织并不享有

---

① 参见黄学贤、李凌云：《论行政公益诉讼受案范围的拓展》，载《江苏社会科学》2020 年第 5 期。

② 参见范思力：《论政府依职权公开信息公益诉讼的可行性》，载《中共南昌市委党校学报》2020 年第 4 期。

③ 参见秦前红：《两种“法律监督”的概念分野与行政检察监督之归位》，载《东方法学》2018 年第 1 期。

④ 参见薛刚凌：《行政公益诉讼类型化发展研究——以主观诉讼和客观诉讼划分为视角》，载《国家检察官学院学报》2021 年第 2 期。

⑤ 《行政诉讼法》第 25 条第 4 款规定：“人民检察院在履行职责中发现生态环境和资源保护、食品药品安全、国有财产保护、国有土地使用权出让等领域负有监督管理职责的行政机关违法行使职权或者不作为，致使国家利益或者社会公共利益受到侵害的，应当向行政机关提出检察建议，督促其依法履行职责。行政机关不依法履行职责的，人民检察院依法向人民法院提起诉讼。”

行政公益诉权。政府信息公开公益诉讼属于行政公益诉讼的类型之一,故也只有检察机关有权提起政府信息公开公益诉讼。在当下国内公益诉讼制度体系框架之下,政府信息公开公益诉讼之类型也正处于探索适用的前期,当前应坚守立法之规定,秉持法定主体的立场,由检察机关提起政府信息公开公益诉讼,待到实践经验较为丰富时再尝试将起诉主体拓展开来。

另一方面,诉前程序之妥当适用为检察机关提起政府信息公开公益诉讼的可行性提供了正当性基础。据实证统计,行政公益诉讼实务中,诉前程序的运行效果较好。① 在诉前程序中,作为法律监督者,检察机关需要通过法律监督的谦抑性来实现其正当性地位之表达。② 当行政机关违法未依职权公开信息时,解决问题的核心在于监督其及时履行公开的义务。如果在未造成严重后果之前,检察机关发出检察建议督促行政机关尽快履行职责之后,行政机关及时主动地改正行政行为,此时则不需要通过诉讼来实现保护公益的功能,甚至可以说提起诉讼已无诉的利益。实际上,《条例》及《审理信息公开规定》也倡导公众先行向行政机关提出督促其整改、修正行政行为的建议。③ 从功能主义的角度视之,根据前述分析,政府信息公开公益诉讼的直接功能在于监督政府机关依法主动公开信息,而由此产生的保护公益之功效实质上仅为直接功能的辐射作用。诉前程序抑制司法权过于主动的运行机制,有助于实现政府信息公开公益诉讼监督行政权之直接功能。诉前程序为行政机关的自我纠正保留适度的缓和时间,提升了行政机关主动修正其违法行为的积极性。同时,也有利于后期公益诉讼程序对不主动公开信息或公开不当之行为的违法程度作出妥善判断。

四、结语

建构政府信息公开公益诉讼制度具有紧迫性、现实性。以行政公益诉讼制度构建的全面铺开为契机,将公益保护理性地嵌入政府信息公开领域,能够更加全面地保护公众知情权,回应信息公开的司法实践需求,促进我国政府公开诉讼制度的良性化改革与体系化发展。概言之,以法理为依据建构政府信息公开公益诉讼是打破公众知情权受损困境的制度尝试。建构政府信息公开公益诉讼制度的首要目标是拓展公共利益的保护范

---

① "2019 年发出的 103,076 件诉前检察建议回复整改率为 87.5%,绝大多数问题在诉前得以解决,以最小司法投入获得最佳社会效果。"参见张军:《2020 年最高人民检察院工作报告》,载正义网 http://www.jcrb.com/xztpd/ZT2020/202004/2020LH/BGQJD/ZGJBG20/BGQW20/202005/t20200525_2161395.html,最后访问日期:2021 年 10 月 12 日。

② 参见赵谦、余月:《主体、属性与实践:公益诉讼诉前程序要义考略》,载《河北法学》2021 年第 2 期。

③ 《条例》第 47 条第 2 款规定:"公民、法人或者其他组织认为行政机关未按照要求主动公开政府信息或者对政府信息公开申请不依法答复处理的,可以向政府信息公开工作主管部门提出。政府信息公开工作主管部门查证属实的,应当予以督促整改或者通报批评。"

围,之后再融合政府信息公开的特性及实践需求,进而明确起诉条件、证据审查、证明标准、判决方式,平衡政府信息公开公共利益维护与个人信息保护,优化诉前程序、检察机关调查取证等程序规则。

“套路贷”犯罪案件司法认定研究

江苏省苏州市人民检察院课题组*

摘要:“套路贷”是我国近些年出现的一种犯罪现象,有关司法解释对此作了规定。然而,司法实践对“套路贷”如何认定认识不一。分析“套路贷”犯罪案件,可以明晰“套路贷”犯罪行为表面合法性、手段多样性、目标特定性、犯罪团伙或集团性的特点;在“套路贷”罪名认定上应根据不同情况按照数罪并罚、牵连犯的原则处理;被害人对“套路贷”的认知一般不影响“套路贷”犯罪行为的认定;犯罪数额认定上应整体认定,科学计算。应从完善立法、合力打击、构建防控体系、加强预防宣传等方面加强对“套路贷”的防治。

关键词:“套路贷” 民间借贷 非法占有

“套路贷”源于民间借贷,经过不断演变后逐渐发展成为新型违法犯罪行为。近年来,“套路贷”在全国各地呈高发态势,①在一些地区已成为黑恶势力较常实施的违法犯罪活动,造成恶劣社会影响。“套路贷”的巨大危害引发了社会舆论的广泛关注,也引起了司法机关的高度重视。

2017 年起,上海、浙江等地陆续出台针对“套路贷”案件的地方性司法文件。2018 年

---

* 课题负责人:李军,江苏省苏州市人民检察院党组书记、检察长。课题组成员:王勇,江苏省苏州市人民检察院党组副书记、苏州工业园区人民检察院党组书记、副检察长;朱一燕,江苏省苏州市人民检察院法律政策研究室主任;岳阳,江苏省苏州市人民检察院第九检察部检察官助理;郑毅,江苏省苏州市吴中区人民检察院第二检察部副主任;郭俊成,江苏省张家港市人民检察院第一检察部副主任;舒娜,江苏省常熟市人民检察院第一检察部副主任;唐晓军,江苏省苏州市吴江区人民检察院第四检察部主任。本文系最高人民检察院 2021 年度检察应用理论研究课题“‘套路贷’犯罪案件实证研究”的研究成果。

① 在中国裁判文书网以“套路贷”为关键词进行检索,显示有上万份判决书。从裁判年份上看,2016 年只有 1 例,2017 年有 100 多起,2018 年增长至 2000 多起,2019 年是爆发式多至万起。

1月，在全国范围内开展的扫黑除恶专项斗争将民间借贷领域的黑恶犯罪作为打击重点之一。最高人民法院、最高人民检察院、公安部、司法部联合出台《关于办理黑恶势力犯罪案件若干问题的指导意见》，对“套路贷”犯罪的认定和处理作出了初步规定。2019年4月、7月，最高人民法院、最高人民检察院、公安部、司法部先后印发《关于办理“套路贷”刑事案件若干问题的意见》（以下简称《套路贷意见》）、《关于办理非法放贷刑事案件若干问题的意见》（以下简称《非法放贷意见》），对套路贷犯罪案件的实体争议和程序问题作出明确，初步解决地方司法机关因对“套路贷”案件理解偏差造成的“不会打”或“打不准”的问题。2019年12月，最高人民检察院发布张某响、李某飞等人敲诈勒索案等4起以“车贷”“校园贷”等方式实施的“套路贷”犯罪典型案例，进一步明确此类案件的办理要旨。

一、准确识别“套路贷”

“套路贷”不是一个规范的刑法学概念，属于犯罪学层面的概念，[①]是近年来司法实践中出现的对某一类高度定型化的违法犯罪行为所作的习惯性表述。张明楷教授认为，“套路贷”是以诈骗罪为核心的一个犯罪群组，但不是说任何“套路贷”都构成诈骗罪，存在部分“套路贷”只是一般违法行为。陈兴良教授认为套路贷就是贷款陷阱，是指假借贷款而实施的诈骗，诈骗是套路贷的核心意涵。[②]

（一）本质特征

从司法实践来看，“套路贷”往往各种“套路”频出，这些套路欺骗性强、隐蔽性强，被害人难以察觉，司法机关办案处于两难境地。[③] 究其本质特征，在于以非法占有为目的牟取非法利益。“套路贷”中的犯罪行为，主要形式也多为诈骗、敲诈勒索等侵犯财产犯罪。在具体办理“套路贷”案件时判断是否构成犯罪，应当以现行刑事法律和有关指导意见为依据，深入剖析行为实质并据此判断其性质，从而准确区分罪与非罪、此罪与彼罪。

（二）主要特点

1. 表面合法性。首先，在很多案件中犯罪分子以所谓小额贷款公司、担保公司、投资公司、咨询公司、网络借贷平台等名义出现，散播各类贷款广告信息，以博人眼球的“低息、放款快、无须抵押担保”等虚假宣传，骗取被害人信任，签订借贷等相关协议。由于经营放贷业务需要有权机关依法批准并取得相应资质，才能开展或者从事放贷业务，而上述这些放贷公司均未经批准，常游离于监管之外，加之无权威平台查询公司相关信息，借款人很难辨别贷款公司、担保公司真伪。例如，四川省内江市市中区人民检察院办理的

---

① 参见卢建平：《扫黑除恶中如何正确认识“套路贷”犯罪》，载《人民法院报》2019年4月11日，第2版。

② 参见陈志君、梁健：《论“套路贷”的打击与防范》，载《法律适用》2019年第20期。

③ 就民事法官而言，证据似乎完美无缺，有欠条、转账记录等书面证据，很难发现案件背后的蹊跷。就公安机关而言，看到有借条、双方自愿签署，一般又会认为是民事纠纷。

黄某龙等人"套路贷"案中,被害人普遍认为犯罪嫌疑人实施的非法放贷行为是正当的,在被多次要求归还高额贷款时仍然继续借款,直至犯罪嫌疑人逼迫被害人及其家属还款才案发。其次,"套路贷"行为人会在合同制作上煞费苦心,以"违约金""保证金""中介费""服务费"等名义骗取被害人签订虚高借款合同、阴阳借款合同,在合同之外另行收取费用。通过设置苛刻违约条款、恶意制造并肆意认定违约等方式,编造根本不存在的虚假借贷关系。

2. 手段多样性。套路贷犯罪不同阶段"套路"形式不同。有人将其分为两个阶段:第一个阶段是虚假债权债务关系的形成阶段,第二个阶段是虚假债权债务关系的实现阶段。[①] 课题组认为主要包含四个步骤:第一步,虚高放贷。签署"套路贷"借款合同时,借款人往往处于弱势地位,签署"空白合同"的不在少数,双方对于借款金额和贷款利率各执一词。出借人通过银行流水,转账给借款人后,又要求借款人以现金方式给付部分利息或本金给出借人。制造已向借款人交付全部贷款金额的假象。如苏州张家港市人民检察院办理的顾某珂等人非法拘禁案中,犯罪嫌疑人哄骗被害人借款 1 万元,签订无抵押空放合同,后债务垒高至 4 万元。第二步,肆意认定违约或制造违约。犯罪分子往往在借贷合同中布置陷阱,制造被害人违约或肆意认定借款人违约。有的签约即违约,明知被害人符合违约条件,签订合同后再告知违约,索要违约金;有的在借款人还款时恶意制造阻碍,如还款日关机、电话故障、系统维护等,导致借款人陷入违约困境。第三步,恶意垒高债务。主要通过收取高额手续费和转单平账。转单平账是在借款人无法按照之前约定履行债务时,出借人通过诱骗甚至胁迫,安排指定的"公司"或人员,或者自己上阵表演的方式,与借款人签订金额更大的虚高借款合同进行"过桥",虚增高于本金数倍的债务进行"以贷还贷",层层加码垒高债务金额,反复压榨被害人。课题组通过实证研究江苏苏州、无锡、常州三地办理的案件,发现有约 70% 的犯罪组织相互勾连,进行相互转单平账、联合"讨债"。第四步,软硬兼施"索债"。当债务垒高到一定金额时,出借方为催收债务,一般采取言语威胁、电话轰炸等软暴力手段,滋扰恐吓借款人及其近亲属的正常生活,以此施压,并且时有暴力行为。课题组对搜集的 118 件"套路贷"案件进行研判,发现其中 75 件存在非法催收行为,占 63.6%,涉及寻衅滋事、故意伤害、非法拘禁、虚假诉讼等犯罪。

3. 目标往往具有一定的特定性。"套路贷"重点明确,紧盯"借贷方"个人家庭财产。重点选择名下有房有车或者入股公司等个人财产较多的被害人,一般会对其财产情况进行调查。同时为方便转移财产,重点选择家庭成员构成简单的对象。[②] 目标集中在涉世未深的学生、刚步入社会的年轻人、社会信用度较差的闲散无业人员、辨别能力差的老

---

① 参见陈志君、梁健:《论"套路贷"的打击与防范》,载《法律适用》2019 年第 20 期。

② 参见郭玉军:《"套路贷"有哪些套路》,载《江苏法制报》2019 年 2 月 19 日,第 7 版。

人、急需资金周转的人员等。财产优质性、消费不理性、贷款急迫性是共性。如四川省南充市人民检察院办理的夏某风等人“套路贷”系列案，犯罪嫌疑人以30%—100%的天息、周息、月息专门借款给大学生。在该市高坪区人民检察院办理的苏某等人“套路贷”系列案中，犯罪分子又将目标对准经济窘迫、信誉较低难以通过正规渠道获取贷款验的无业人员群体。

4. 犯罪主体多为团伙或集团性的有组织犯罪，专业化分工特征明显。很多“套路贷”案件组织架构明显，前118述起“套路贷”案件，70%以上案件由3名以上犯罪嫌疑人结伙作案，形成较为固定的犯罪组织。其中，50%以上的案件中，犯罪分子系公司化运作，有固定营业场所，地处城市商业金融较发达区域，迷惑性强。内部分工明确，还存在与其他中介等组织横向协作实施“套路”的情况。

5. 侵害法益复杂，社会危害性大。“套路贷”犯罪侵害的法益具有复杂性，最核心的特征是对他人财产的非法占有。但到个案中，不同的“套路”行为和“讨债”行为又可能会侵害被害人的人身权益或者社会秩序、司法公正等。比如，“套路”往往有明显的虚构事实、隐瞒真相的特征，较多涉嫌诈骗犯罪；“索债”行为又可能涉嫌抢劫、绑架、敲诈勒索、故意伤害、故意杀人、非法拘禁、非法侵入住宅、寻衅滋事、虚假诉讼犯罪等。①

二、“套路贷”案件司法认定中的重点难点问题

（一）主观故意判定

办理套路贷案件应重点关注“四个金额”“三个比例”。“四个金额”分别为协议借款本金、实际支付本金、利息收入、利息外收入即虚增收入。“三个比例”则分别为实际支付本金与协议借款金额之间的比例、利息外收入与全部收入之间的比例、全部收入与实际支付本金之间的比例。上述比例若明显背离经验法则，悬殊越高，越能判断出行为人诈骗等主观犯罪故意，入罪的可能性就越大。

（二）罪名认定

“套路贷”案件罪名认定难的原因有二：一是有的行为人在实施诈骗犯罪活动中可能夹杂着敲诈等行为，而有的行为人在敲诈等犯罪活动中又附带有诈骗行为；二是犯罪从预备到着手实施直至既遂，时间跨度很长，导致部分办案人失去焦点，没有找到区分罪名的关键。盗术诈骗与诈术盗窃的区分关键看行为人获取财物的手段是通过秘密窃取还是被害人的交付。套路贷案件办理应该以“行为人非法占有财物时起决定性作用的手段”为根据，准确区分犯罪性质。一是行为人通过一般“诈骗”的“套路”致使被害人主观上陷入错误认识，认为自己有还款义务，主动还款属于主动处分财物行为，一般以诈骗罪

---

① 课题组对搜集的118起套路贷案件进行分析，正文列举罪名均有涉及，但主要集中在敲诈勒索、诈骗、寻衅滋事、非法拘禁等罪名，这4个罪名占118起案件的96.7%。

论处。被害人陷入错误认识后，尽管被暴力或“软暴力”讨债，但误认为自己有还款义务而未报警，或主要是因“还款义务”而交付财物的，欺骗行为是非法占有财物的关键手段，一般整体认定为诈骗罪。二是被害人如未陷入错误或半途发现被“套路”，自己或家人被迫还款的，非法占有财物的关键手段是暴力、软暴力，一般认定为敲诈勒索罪或抢劫罪。对被害人认为自己不应偿还高额“利息”及利息外收费，在暴力或“软暴力”胁迫下交付财物的，被害人没有基于错误认识而交付财物，可根据暴力的严重程度、被害人的意志自由等认定敲诈勒索、抢劫等犯罪。三是“套路贷”犯罪分子对相同对象实施非“诈骗”类不同侵财行为的，要看时间、空间是否有间隔。如针对同一被害人同一宗财物的，可择一重罪。对同一被害人不同财物或者时空有间隔的，需区分犯意转化还是另起犯意。犯意转化的，择一重罪。另起犯意的，数罪并罚。如针对不同被害人或不同宗财物的，一般应数罪并罚。四是“套路贷”合同的签订、履行行为不是导致被害人陷入认识错误而作出财产处理的主要原因，签订合同只是犯罪过程的环节之一，行为人往往多种手法互相配合，最终目的就是骗取对方财物。其核心手段就是诱骗被害人误认为这是普通民间借贷，通过层层设置“套路”使其陷入错误认识而交付财物的，尚未使用暴力手段已取得被害人财物的，一般应认定为诈骗罪。五是行为人不考察借款人还款能力而高息借款，待无力偿还时，要求其推荐新的借款人或发展下线从而减免利息的，如无“恶意制造违约或肆意认定违约”等明显套路的，可综合其是否有“软暴力”等索债行为及占有借款人房产等家庭财产目的，认定敲诈勒索、寻衅滋事等犯罪。六是行为人利用在校学生等青少年涉世不深、社会经验不足，明知其无收入来源或无还款能力而高息借款的。如无“恶意制造违约或肆意认定违约”等明显“套路”的，可综合其是否有对青少年的隐私威胁及对家庭成员“软暴力”索债等行为、占有未成年人房产等家庭财产等目的，认定敲诈勒索等犯罪。

（三）罪数确定

有观点认为，对于“套路贷”不同阶段的行为分别构成不同犯罪的，总体可以按照牵连犯论处。在存在类型化的手段行为与目的行为，或者原因行为与结果行为之间牵连关系的场合，以牵连犯论处并无争议，关键在于哪些情形下可以认定为牵连关系，哪些情况属于实质的一罪，哪些情况属于实质的数罪，需要区分情况加以分析。具体而言，实施“套路贷”过程中，行为人通过“套路”让被害人主动支付财物，整体认定为诈骗罪。通过实施故意伤害、非法拘禁、恐吓型寻衅滋事等暴力手段而索取到财物的，可整体认定为抢劫、敲诈勒索等犯罪。但在上述犯罪中，存在故意伤害、非法拘禁致被害人重伤、死亡或故意杀人、绑架等严重暴力犯罪，不属于类型化牵连关系，一般应数罪并罚。存在虚假诉讼罪的，一般应数罪并罚。对已实施诈骗行为但未实际占有财物，因而虚假诉讼的，则择一重罪处罚。对是否属于“无中生有”捏造民事法律关系，应当坚持实质判断。需要注意的是，在“套路贷”案件中，即便借贷关系真实，但犯罪分子捏造虚假债权债务关系，而后起诉，从而达到利用诉讼非法占有他人财物的目的，其前期行为人真实给付的本金只是犯罪成本,应做整体否定性评价。客观上符合诉讼诈骗犯罪的构成要件,应当以诈骗罪论处。

(四)被害人认知问题

被害人明知虚假协议可能产生后果而签署的是否影响犯罪,如行为人在与借款人签订借贷协议时,借款人明知自己违约的后果及风险仍然签订合同,最后确因无力偿还导致违约,行为人通过威胁手段催讨协议约定的债权。这种情形中若行为人签订协议时没有实施欺诈,借款人对协议内容均系明知,对此类行为应如何认定?首先,应综合被告人的行为手段及所签订债权债务协议的不对等程度等进行综合判断。若行为人实际索要的财产已远远超过利息范畴,如虚增的本金、高额违约金以及各种名目的手续费等,那么签订的合同显属地位权责不平等的法律关系,此种情形下虽然行为人对签订协议没有欺诈,但通常伴随有威胁、引诱手段,而被害人往往因急需钱款而被迫签署协议,其对协议内容即使明知,但对借款协议的不平等性及违约后果缺乏明确认知,可以认定签订协议违背其自愿性,协议所形成的仍然是虚假的债权债务法律关系。加之后续行为人通常通过诉讼、仲裁、暴力、胁迫等手段索要财物,其行为环环相扣,最终实现对被害人财产的占有,应当认定为具有非法占有的目的。其次,要区分被害人对后果的“部分”明知还是“完整”明知。如被害人对协议内容明知,但对协议的不平等性及违约的后果缺乏明确认知,也可认定签订协议违背其自愿性。在“套路贷”犯罪集团的借贷中,因犯罪集团连续实施犯罪行为,部分被害人“完整”明知不影响整体非法性,也不影响非法占有目的的认定,需根据情节认定诈骗或敲诈勒索等犯罪。最后,“套路贷”犯罪个案中行为人完整明知对方“套路”而借款的,对诈骗罪认定需要慎重。对“套路贷”行为人是在概括的犯罪故意支配下实施的系列违法犯罪行为,在被害人识破套路之后,继续向行为人借款,此后行为人采用暴力手段或虚假诉讼手段索要债务,仍可构成敲诈勒索罪、寻衅滋事罪或虚假诉讼罪等。

(五)犯罪数额认定

根据《套路贷意见》第6条的规定,最高司法机关对“套路贷”系进行整体否定性评价的。实践中应掌握如下原则:第一,“套路贷”犯罪数额的认定上,要抓住非法占有目的这一核心,从而对整体行为予以否定性评价,坚持整体认定数额。第二,囿于客观条件,被害人证言无法全面收集的,可综合现有证言和借贷合同、银行流水等书证,科学计算被害人数量以及犯罪数额。第三,“套路贷”产生利息及与之相关的“保证金”“违约金”等名目的收益,均应计入犯罪数额。以是否实际占有为标准,认定既遂或未遂。第四,“套路贷”犯罪分子基于“套路”先行支付的本金部分,应依法没收,但不计入犯罪数额。

三、“套路贷”治理的对策建议

(一)完善相关立法,统一法律适用

“套路贷”相关概念不清和法律要件不明确,给司法机关处理“套路贷”犯罪案件带来诸多困惑,应及时完善立法,避免将“套路贷”与民间高利贷、非法讨债相混淆,厘清民刑交叉界限,促进法律适用统一化。此外,“套路贷”犯罪高发的诱因之一在于民间借贷体系不完善,部分有贷款需要的人员无法通过合法途径借到款项。建议建立和完善互联网金融法律体系,加强对民间借贷的管理,弥补民间借贷漏洞,为民间借贷市场定规立制,引导其在法制的轨道上良性发展。

(二)公检法各尽其责,形成打击合力

“套路贷”案件往往存在犯罪链条长、犯罪环节多、罪名交织等办案难点,侦查取证难度大。检察机关可适时启动提前介入工作机制,与侦查机关加强协作、共同寻找案件突破口,就侦查取证、法律适用、打击范围、案件管辖等问题专门研究协商,引导侦查机关从案件定性、涉案金额、共同犯罪等问题着重展开调查,为后续逮捕、起诉、追捕追诉、追加犯罪事实等打好坚实基础,以此提升案件办理质效,实现对“套路贷”的精准打击。针对“套路贷”案件错综复杂、刑民交叉等问题,上级机关要加强业务指导和跟踪督办,总结“套路贷”案件特点和规律,及时掌握新动态、新趋势和新问题,加强分析研究。人民法院在审理民间借贷纠纷案件时,应切实提高对“套路贷”诈骗等犯罪行为的警觉度,加大对借贷事实和证据的审查力度,综合判断借贷的真实情况,有效甄别民间借贷行为与诈骗等犯罪行为。对发现涉嫌违法犯罪线索的,应当按照相关法律、司法解释规定,裁定驳回起诉,并及时将涉嫌犯罪的线索、材料移送侦查机关。对民间借贷行为本身不涉嫌犯罪的,应当继续审理。

(三)加强民间借贷市场监管,构建多部门联动防控体系

“套路贷”既是违法犯罪问题,也是政治问题、社会问题。公、检、法、金融监督管理等部门应建立健全信息共享、联网查询、线索移送、案件协查等协作配合机制,联合出台打击“套路贷”犯罪的实施细则,提供明确的执法打击依据和可操作性强的相关证据标准。建立点对点信息交换平台,共享数据,公安机关将涉金融企业非法集资和“套路贷”案件的清单提供给检察机关、人民法院,人民法院则应向公安机关、检察机关及时通报在立案和审理过程中发现的可能涉及犯罪的案件,形成打击“套路贷”犯罪联动机制。针对行政违规是“套路贷”的早期特点,金融监管部门、市场监管部门应加大监管力度,对开展贷款业务的相关机构应事前对其营业范围及业务本身的合规性进行严格审查,及时取缔违法违规以及以“套路贷”犯罪为目的虚假设立的不法小贷公司。完善征信体系建设,建立放贷人名册制度以及职业放贷人黑名单,及时向社会公开。对民间借贷中介机构的性质、资格、广告行为和运作方式予以规范,完善风控预警机制。

(四)广泛动员,加强预防知识宣传教育

相关职能部门要充分利用各种宣传媒介,深入群众和社区,广泛宣传“套路贷”的防范知识。丰富普法宣传形式,借助“两微一端”、银行及其他平台向群众宣传讲解“套路贷”违法犯罪行为的主要特征、典型案例、常见手段,提醒公民提高防范意识,增强警惕性

和辨识能力,鼓励群众发现并举报身边存在的“套路贷”线索,引导群众通过合法渠道贷款,从源头遏制“套路贷”。对于广大普通老百姓而言,应注意如下问题:一是不轻信所谓的无抵押贷款。若资金紧张,应尽量通过银行或者亲友借款,尽量避免向一些小贷公司或者专门从事放贷的个人借款。二是提高自身防范意识。在借款前一定要查询相关公司的资料,看其是否正规。三是不随意签订借款合同。应当仔细看清楚,凡是口头打包票却不肯写进合同的,绝不签名。不给对方以伪造、篡改、增添的可乘之机。不听信出借人的花言巧语,不签不写不实的材料。四是不做不动产担保。五是资金往来要留证据。六是及时止损避免进一步被“套路”。发现被骗及时报警处理,并注意收集保存“套路”证据。

自洗钱行为的法律相关问题研究

刘兆东　康俯上　赵　庆*

摘要：自洗钱行为入罪后，合法性在立法上得以解决，合理性成为亟须解决的法命题。司法实践中合理性解决则意味着证明责任问题的凸显，即证明责任如何在自洗钱行为中予以合理分配，则变成了一个法律漏洞，需要予以填补。通过梳理目前学界和实务界对自洗钱行为的争议，立足司法实践分析现存自洗钱行为入罪的立法模式，认为自洗钱行为是法律拟制，既不会破坏法秩序内在的统一性，也调和了两种对立的观点，能够解决自洗钱行为自身的证明责任，实现分配正义。

关键词：自洗钱　法律拟制　立法技术　证明责任

一、自洗钱行为合理性的辨析

在自洗钱行为合理性的争论过程中，一直存在针锋相对的两种观点：一种观点认为自洗钱行为可以独立成为洗钱罪，另一种观点认为自洗钱行为应当归结于赃物犯罪类型，不必要再节外生枝，生生造出一个罪名来。分别概述如下：

（一）自洗钱行为能够成为洗钱罪中一种犯罪类型

1. 上游犯罪与下游犯罪不应等同视之，二者相互独立。虽然洗钱行为是上游犯罪的衍生，但不能否认的是洗钱行为是独立于上游犯罪本身的。形象地说，洗钱作为上游犯罪滋生的“黑崽子”，在肯定其与上游犯罪“母体”存在联系的基础上，也需要在其“成人化”之后，对其进行单独的法律评价，而不是完全置于上游犯罪的覆盖下。① 具体而言，上游犯罪不能涵盖下游犯罪本身，下游犯罪作为独立存在的个罪，应当有着本身的犯罪构成，获得法的独立性评价。

---

* 刘兆东，江苏省宿迁市人民检察院党组成员、副检察长；康俯上，江苏省宿迁市人民检察院第一检察部检察官助理；赵庆，江苏省宿迁市人民检察院法律政策研究室检察官。

① 参见王新：《〈刑法修正案（十一）〉对洗钱罪的立法发展和辐射影响》，载《中国刑事法杂志》2021 年第 2 期。

2. 传统赃物罪理论已落后于司法实践。数字化时代的来临,使司法实践需要面对更复杂多变的洗钱犯罪行为,特别是数字货币的出现,使数字货币洗钱犯罪在危害金融秩序和司法秩序的同时损害了金融消费者和投资者利益,[①]也就是说,法益的变化使赃物罪理论难以涵盖到洗钱罪的所有犯罪行为类型。那么,自洗钱行为的独立存在则有了合理性基础。

3. 法理念需要获得持续的更新。由于 2019 年 FATF 在对我国洗钱犯罪的第四轮互评中,对自洗钱不入罪的做法进行了批评,认为自洗钱入罪的缺失,是技术合规性方面的"重大缺陷",故对第 3 项核心建议"洗钱犯罪化"的评级是"部分合规"。[②] 此外,域外国家刑法中早已将自洗钱行为纳入洗钱犯罪中,如德国刑法第 261 条[③]就没有将自洗钱行为排除在刑法制裁之外,英美等国家也将上游犯罪的犯罪主体纳入洗钱罪的犯罪主体。

(二)自洗钱行为属于赃物犯罪类型的范畴

1. 事后不再罚理论要求将自洗钱行为纳入赃物犯罪类型中。传统的赃物犯罪理论认为,既然自洗钱犯罪从属于上游犯罪,二者之间属于共生关系,即有上游犯罪,则必然有对赃物的处理行为,因为人有想保护自己享受的利益的欲求。[④] 司法实践中,对上游犯罪的处理历来是重于下游犯罪的,这正是考虑到原生犯罪和衍生犯罪二者刑罚上的平衡。法理上向来认为,前置犯罪行为人如果为了使自己逃避追诉或刑罚处罚而实施自我庇护行为,即不应再对其加以处罚。[⑤] 事后不可罚理论并未过时,应当严格限制洗钱罪的范围。

2. 期待可能性理论阻却了自洗钱的责任。从"理性的经济人"出发,在行为人实施犯罪,获取财物以后,必然出现的行为便是对财物的处置、隐藏、变现等。就犯罪的客观结果而言,根本不可能期待行为人在获取财物后不对赃钱实施清洗。[⑥] 在犯罪阶层构造中,期待可能性属于有责性的判断,其阻却了责任。自洗钱行为可以阻却责任,不构成犯罪。

3. 正当法律程序原则不允许自洗钱独立成罪。认为应当将自洗钱行为纳入法律规制的观点都没有注意到或有意无意忽略的一个问题就是,自洗钱行为突破了正当法律程序原则,以刑法的手段威胁,要求犯罪人主动交出犯罪所得,等于要求犯罪人自证己罪。[⑦] 而自证其罪的不正当性在于当事人没有义务向司法机关自述其犯罪罪行,若司法机关强

---

① 参见巫文勇:《货币数字化场景下洗钱犯罪形态和刑法重构》,载《中国刑事法杂志》2020 年第 3 期。

② 转引自王新:《〈刑法修正案(十一)〉对洗钱罪的立法发展和辐射影响》,载《中国刑事法杂志》2021 年第 2 期。

③ 参见《德国刑法典》,徐久生译,北京大学出版社 2019 年版,第 182 页。其中第 261 条第 1 款规定,对第 2 句所述违法行为所得之物品加以隐藏,隐瞒其来源,或对调查其来源、探寻、追缴、没收或查封此等物品加以阻挠或危害的,处 3 个月以上 5 年以下自由刑。

④ 参见[日]西园春夫:《刑法的根基与哲学》,顾肖荣等译,中国法制出版社 2017 年版,第 137 页。

⑤ 参见王皇玉:《洗钱罪之研究——从实然面到规范面之检验》,载《政法大学评论》2013 年第 3 期。

⑥ 参见张宝:《全球化背景下洗钱罪争议问题探析》,载《河北法学》2017 年第 4 期。

⑦ 参见林东茂:《一个知识论上的刑法学思考》,中国人民大学出版社 2009 年版,第 265 页。

行予以规制该行为,则是对法律程序的正当性予以突破。再如哈贝马斯所言:在一个法律共同体中,只要一个人的自由必须用对另一个人的压制的代价而得到,就没有人是自由的。[①]

二、司法实践中的实证批判

笔者赞同将自洗钱行为纳入刑法规制中,理由却与第一种观点不尽相同,同时应看到自洗钱入罪后对洗钱罪证明责任带来的制度性挑战。

(一)自洗钱入罪的实践理由

1. 从法经济学角度来看,传统的赃物罪理论无法回应法现实需求。洗钱罪作为 1997 年《刑法》规定的罪名,虽首次规定了该罪的罪状和法定刑期,但进入 21 世纪以来,互联网的繁荣引爆了金融技术化的大发展,这就要求法律工作者在描述洗钱犯罪构成要件时,要充分关注网络条件下的参与洗钱行为的共同犯罪,而使自洗钱行为越来越具有独立性,以期回应时代法的确切需求,妥善解决法实践的诸问题。虽然 2009 年最高人民法院在发布的司法解释中将洗钱罪的行为方式予以一一规定,同时加入了兜底性条款,但仍未涉及互联网下的犯罪行为方式。因此,需要将洗钱罪中自洗钱行为纳入法律规定中,以解决法的供给端问题。

2. 法现象使洗钱罪的法益发生了变更。我国传统刑法理论认为洗钱罪侵犯的客体是复杂客体,包括金融管理秩序和司法机关的正常活动。[②] 但在互联网从犯罪工具向犯罪对象,乃至朝犯罪空间发展时,洗钱罪的法益产生了变化。大数据时代,作为中立的技术提供者、服务者,如网络运营商、网络金融提供者、第三方支付网络的维护者等,则极有可能成为犯罪主体,对以上种种行为予以规制,单靠两个法益是很难予以囊括的。虽然《刑法》第 287 条之二规定了帮助信息网络犯罪活动罪,但规定了"明知"作为主观故意构成要素。这就说明该罪是故意犯,而非处罚过失犯。但自洗钱行为的出现,则必然导致中立的第三方在不知情情况下,为达到洗钱的目的,给予了自洗钱犯罪主体便利。那么,从法益实现机能来看,该行为必然可以归属到洗钱罪的范畴,但事实上其侵犯的是对网络空间的使用,而没有侵犯到金融管理秩序和司法机关的正常活动,即该行为无法归结于现有法益上,使案件事实无法被全部涵摄。作为对法现实的一种回溯,则必然对洗钱罪的法益外延进行扩张。实际上,立法者只不过将亦已存在法益以保护实证化(条文化)。[③]

---

① [德]哈贝马斯:《在事实与规范之间——关于法律和民主法治国的商谈理论》,童世骏译,三联书店 2014 年版,第 517 页。

② 参见王作富:《刑法分则实务研究》(上),中国方正出版社 2013 年版,第 488 页。

③ 参见张明楷:《法益初论》,中国政法大学出版社 2000 年版,第 163 页。

(二)自洗钱入罪后洗钱罪证明责任的困局

自洗钱入罪化导致证明责任分配存在困难。与他洗钱行为相比,立法将自洗钱犯罪中的"明知"予以去掉,是因为该行为自身处于"明知"的主观故意。但在司法的证明责任上,则存在证明的困境,即如何证明在上游犯罪发生后,行为人处置财物的行为属于自洗钱行为,特别是在面对日益繁复复杂的行为方式上①,正如法谚所言:证明责任乃诉讼之脊梁②。自洗钱行为的入罪,则扰乱了先前的司法解释所采取的证明责任分配原则,使该行为的证明责任处于悬空的状态,需要加以解释和重置。

三、立法技术上的现实路径

现有的立法模式有以下几种方式:

1. "修补式"立法模式:维持现有的立法模式,作零星改变。该种模式的优点是不破坏整体刑法的面貌,使刑法法典化风格予以维持。但缺点是造成条文内部包含冲突或分裂,条文之间存在紧张或对立关系,条文之间出现适用困难。

2. "整体式"立法模式:该模式认为应当回归到赃物类犯罪体系中,就是将第191、312条和第349条等条文,予以重新整理,并到一个条文之下,而非分散于各个章节之中,以造成法律适用上的困惑。当然,实际上其是按照德国的立法模式,将上述条文整合到赃物类犯罪的罪名之下,从而理顺目前条文与条文之间的混杂模式。

3. "法律拟制"立法模式:法学上的拟制是:有意地将明知为不同者,等同视之……法定拟制的目标通常在于:将针对一构成要件(T1)所作的规定,适用于另一构成要件(T2)……因此,立法者并非主张,T2事实上与T1相同,或事实上为T1的一种事例,毋宁乃是规定,对T2应赋予与T1相同的法效果。③ 换言之,对次级规范而言,将某一事实T2归结于某个法效果,且该法效果与T1的法效果具有同一性。对于《刑法》第191条而言,将自洗钱行为这一法律事实(T2)拟制为洗钱行为(T1),并归结于洗钱罪相同的法效果,则可以解决认识论上的难题。

笔者认为,第三种立法模式更符合现有的实际立法状况,其既保证了法秩序内在的统一,又可以解决理论与司法实践的冲突。一是法律漏洞的存在不得不以法律拟制方式来处理。所谓法律漏洞是指法律处于不应该具有的不完整或不圆满的状态。④ 这里的不完整或不圆满。指的就是在自洗钱行为被纳入刑法后,仍使法律研究者认为该条规范并不完整,仍然有改进或完善的余地。不然,自洗钱行为就不会在理论界有如此多的争论,

---

① 这些行为方式不仅包含司法解释予以明确的行为方式,还包含那些新出现的行为方式,这些新的行为方式不是一个兜底性条文能够予以解决的。

② 参见[德]普维庭:《现代证明责任》,吴越译,法律出版社2006年版,第29页。

③ 参见[德]卡尔·拉伦茨:《法学方法论》,陈爱娥译,商务印书馆2003年版,第142页。

④ 参见舒国滢、王夏昊、雷磊:《法学方法论前沿问题研究》,中国政法大学出版社2020年版,第387页。

并由此造成自洗钱行为和他洗钱行为在某种程度上的立法分裂。为了弥合这种分裂,则有必要对该规范漏洞加以填补,而填补的方式则采用法律拟制这一立法技术,从而解决理论的困境和实践的适用难题。

二是法律拟制的犯罪行为具有先例可循。如《刑法》第 269 条,就是将原本不符合抢劫罪的犯罪行为,经过立法,将该类行为类型化为抢劫罪。也就是立法者综合一群生活事实成为一个以概念方式加以表示的构成要件,并对此规定一个法律效果,这群生活事实在一个被认为是重要的观点下被视为是相同的。① 这样,不同的犯罪事实具有了同一的法律效果。法律拟制作为一种填补规范漏洞的技术,在国外立法上也是常见,如日本刑法第 238 条规定的强盗罪,德国刑法第 252 条规定的窃后抢劫,韩国刑法第 335 条也有相类似的规定。因此,法律拟制作为一种普遍的立法现象,可以完全用在自洗钱行为的立法上。

三是法律拟制消解了两种对立的观点。经过法律拟制,自洗钱行为的自洽性得以解决。首先,一经法律拟制,自洗钱行为入法就取得了合法性,其在司法实践中适用就具有普遍性。其次,法律拟制后的自洗钱行为,不必要再考虑其与上游犯罪之间的种种联系,更不必要考虑到二者之间的主从关系,或者在实际犯罪中的牵连或吸收关系。正如凯尔森所言:法就好比是米达斯国王。就像这位国王触摸过的一切都变成了金子,法所涉及的一切事物都具有了法的性质。② 法律拟制恰具有这样的效果,其对于是否突破传统赃物理论、期待可能性理论并不在意。相反,其立法上的确立使罪刑法定原则的实现成为一种可能,也能够包容因法益变化带来的诸多新问题,从而使该行为自始取得了法地位。

四是法律拟制符合法律命题的论证原则。法律拟制后的自洗钱条文亦能够达到拉德布鲁赫所认为的法律理念的要求,即法的安定性、合目的性和正义性③。其一,经过拟制后的条文仍然处于刑法第三章第四节的破坏金融管理秩序罪之中,不会对原有立法模式造成扰动或破坏,其侵犯的客体仍为复杂客体,且客体的外延可以增加,但内涵仍未发生变动,可以更适应互联网社会的发展,也就没有破坏刑法内部的法秩序的统一。其二,针对法律漏洞,进行了法律拟制立法,其采用的是目的扩张的方法,而目的扩张方法的核心与关键之处在于对法律的立法目的或法律目的的证成,以立法目的或法律目的作为调整特定法律规则适用范围的依据。④ 从而达到将立法者的意图渗透到法律规范之中,亦即实现了法的目的性。其三,面对日益变化的洗钱行为,将自洗钱行为纳入现有法律体系内,具有一定的正当性,实现了自洗钱行为和他洗钱行为在同一法律规范中的统一,既符

① 参见[德]亚图·考夫曼:《类推与事物本质——兼论类型理论》,吴从周译,新学林出版股份有限公司 1999 年版,第 97 页。

② 参见[奥]汉斯·凯尔森:《纯粹法学说》(第二版),雷磊译,法律出版社 2021 年版,第 344 页。

③ [德]古斯塔夫·拉德布鲁赫:《法哲学》,王朴译,法律出版社 2005 年版,第 73 - 74 页。

④ 参见舒国滢、王夏昊、雷磊:《法学方法论前沿问题研究》,中国政法大学出版社 2020 年版,第 421 页。

合了理论界的预期,也使司法实务界不会感到无所适从,更遵循了立法便宜主义原则。

四、自洗钱犯罪的证明责任分配

当然,笔者认为,对自洗钱行为和他洗钱行为应当区分不同的证明责任,以符合正当程序原则。

1. 自洗钱行为自身要求“举证责任倒置”。随着互联网技术的不断发展,将会使自洗钱行为变得更加多变,这就要求司法机关投入更多的精力和时间来甄别自洗钱行为,如对大数据的筛选与提取、虚拟货币的追踪与认定、去中心化下洗钱行为的归属等,这就使现实的司法资源会越来越难以承担如此众多诉累,最终导致对自洗钱行为依法予以评价的不可知性。由此造成了司法认知和实践上的难题,即风险社会带来的“风险性”[①]。因此,“举证责任倒置”就有了一个合理性的存在基础,而且自洗钱行为本身是行为人自身行为所致,让其承担不利的举证后果,也符合个人责任主义原则。

2. 参照刑法典中举证责任倒置的规定。《刑法》第 395 条规定的巨额财产来源不明罪中,以明示的机能对国家工作人员的财产、支出明显超出合法收入,差额巨大的,不能说明来源的,差额部分以非法所得论。这一规定明确了证明责任的分配,即行为人负有举证的责任和义务,当行为人无法说明财产的合法性时,证明责任便转为行为人所负担。同样,在自洗钱行为中,对行为人获取的财物,如果其无法说明该财物的合法性,则可以要求其自证合法,否则视为该财物为自洗钱行为的犯罪对象,以此解决证明责任分配的司法难题。

3. 区分与他洗钱行为的证明责任。由于自洗钱行为不要求“明知”,而他洗钱行为则仍需要“明知”这一犯罪构成要件。因此,需要加以区分的是这两种犯罪行为在司法中如何认定。具而言之,自洗钱行为的证明责任属于抽象证明责任,抽象证明责任是独立于每个诉讼的风险分配,因此它纯粹是一个法律问题。[②] 他洗钱行为的证明责任是具体的证明责任,而具体的证明责任则取决于每一次的证明评价,即属于事实问题。[③] 司法人员进行法律判断和评价时,不得不面临两种不同类型的证明责任,则有必要适用不同的证明标准来进行事实认定和证据采信。这也同时说明,自洗钱行为和他洗钱行为虽同属于洗钱罪的调整范围,但在证据法上属于不同类型,而将自洗钱行为进行法律拟制,则更能确切地体现该差异性,不会造成法律适用的混乱和法律认知上的错误。

---

① 参见陈嘉明:《现代性与后现代性十五讲》,北京大学出版社 2006 年版,第 247 页。这里“风险”的含义,主要指的是由于人类知识的不确定性以及由此带来的社会发展的不可测性,所导致的人类活动的“所有方面”并不遵循命定的进程,以及“所有活动”可能具有的“偶然性”的结果。

② 参见[德]普维庭:《现代证明责任》,吴越译,法律出版社 2006 年版,第 15 页。

③ 参见[德]普维庭:《现代证明责任》,吴越译,法律出版社 2006 年版,第 15 页。

利用新型支付方式非法取财行为性质研究

张海涛　徐海涛　张　涛*

摘要:新型支付方式的诞生冲击网络侵财犯罪盗骗界分的基础学理,衍生第三方支付平台能否被骗等瓶颈问题。通过对利用新型支付方式实施的冒用型和注册、绑定型侵财行为的类型化研究,基于"用户预设同意+平台假定处分意思=拟制处分行为",第三方支付平台可以被骗,根据竞合论可将冒用型侵财行为界定为盗窃罪;注册、绑定型侵财行为属于非法获取信用卡信息资料并通过互联网、通讯终端使用,构成信用卡诈骗罪;冒用他人账户骗取第三方支付平台关联信贷资金行为构成合同诈骗罪或者贷款诈骗罪。

关键词:第三方支付　非法取财　类型性质

互联网金融迅猛发展,以支付宝、微信等为代表的第三方支付逐步占据传统支付领地,并向网络理财、信贷等新兴领域延伸。与此同时,财产犯罪从现实空间向网络空间转移,由行为人与被害人之间"人对人"的映射转变为行为人、被骗人与被害人之间"人—第三方支付平台—人"的模式,盗窃与诈骗叠加效应深度发酵,既冲击传统侵财犯罪的基础学理,亦同步引发利用新型支付方式实施侵财行为的罪质界定难题,盗窃罪、诈骗罪、信用卡诈骗罪、合同诈骗罪、贷款诈骗等观点聚讼,成为网络犯罪领域学界与实务界亟须回应的新型疑难问题。

一、利用新型支付方式非法取财行为的类型及法律关系

德国法学家亚图·考夫曼说:"类型是我们取为标准的模范,类型一直比理念更优

---

* 张海涛,江苏省沭阳县人民检察院党组书记、检察长;徐海涛,江苏省沭阳县人民检察院第一检察部主任;张涛,江苏省沭阳县人民检察院第一检察部副主任。

良,更遑论是比概念。”[①]理论界关于利用新型支付方式实施侵财犯罪的研究多呈碎片化,鲜有结合第三方支付方式的性质对侵财行为进行类型化研究,所涉法律关系及指向的法益混沌,最终关注第三方支付方式下侵财犯罪的共识性、指导性成果仍然付之阙如。[②] 根据马克斯·韦伯理想类型理论,本文拟运用刑法类型化思维,基于司法裁判实务将利用第三方支付实施侵财行为的手段归纳为冒用型和注册、绑定型,围绕财物占有转移关系划分出类型,并对第三方支付平台业务性质、所涉主体法律关系进行廓清。

(一)冒用型

所谓冒用型侵财行为,是指非第三方支付账户的实际用户,以实际用户的名义使用第三方支付账户,侵害用户财产的行为。该类行为本质在于冒用,未创设新的法律关系,直接侵犯第三方支付账户关联资金,主要存在以下类型:

1. 侵犯第三方支付账户余额。指行为人针对第三方支付账户余额钱款实施的侵财行为,不涉及绑定银行卡等账户资金。例如,被告人程某趁李某熟睡之际,将李某支付宝余额5000余元转至自己的支付宝账户。根据《支付宝服务协议》,支付宝账户记录的资金余额系用户委托支付宝保管、所有权归属于用户的预付价值。该类行为模式,侵权行为人对第三方支付平台发出资金调拨指令,非法获取平台保管的他人资金,并没有直接与银行发生指令信息和资金来往,实务中认为构成盗窃占据主流观点。

2. 侵犯第三方支付账户绑定银行卡内资金。指行为人非法获取他人第三方支付账户绑定银行卡内资金的行为。根据支付宝、微信等第三方支付账户操作规程,获取银行卡内钱款需要将银行卡与第三方账户绑定,持卡人输入银行卡号及银行发送的验证码等即可完成操作,银行在办理绑定业务时进行相关信息认证,交易时无须再次对客户身份进行验证,支付密码正确时会当然支付。在涉第三方支付侵财犯罪中,行为人获知用户第三方支付账号和密码,只需输入正确的支付密码就可以获取银行卡内资金,银行在收到第三方账户发送的支付指令后直接将相应数额的钱款转至指定账户。[③]

3. 侵犯第三方支付账户关联理财产品。指行为人冒名登录被害人第三方支付账户中的余额宝、理财通等理财账户,赎回基金份额到第三方支付账户,再将所得钱款非法转移或消费使用。余额宝、理财通等理财产品实质上是用户通过第三方支付平台的网络理财功能购买基金公司发行的基金,是平台与基金公司联合开发的网络理财服务,涉及基金投资用户、基金公司、第三方支付机构三方主体,第三方支付平台扮演的是协助基金公司销售基金的角色。侵犯基金账户资金的行为,本质上是冒用投资者名义,将基金赎回

---

① [德]亚图·考夫曼:《类推与事物本质——兼论类型理论》,吴从周译,台北,学林文化有限公司1999年版,第2页。

② 参见黄伯青、宋文健:《涉第三方支付类侵财案件的刑事规制解析》,载《人民法院报》2019年2月14日,第5版。

③ 参见马淑娟:《利用第三方支付平台非法取财案件的刑法定性》,载《犯罪研究》2019年第3期。

指令发送给第三方支付机构，由平台进行资格审查和数据验证，并将赎回基金信息发送给基金公司，基金公司将基金份额对应的钱款转移到第三方支付账户或者绑定的银行卡，行为人由此实现将用户资金转移到自己的账户或者消费使用。①

4. 侵犯第三方支付账户关联信贷资金。指行为人利用第三方支付平台对用户的授信额度，冒充用户使用微粒贷借钱、借呗、花呗等信用工具套取信贷资金用以消费、取现的行为。例如，被告人孙某私下操作张某支付宝借呗功能，申请消费贷款 1 万元，随后转账至自己的支付宝账户。微粒贷借钱、蚂蚁借呗等属于贷款公司与第三方支付平台合作的信贷方式，侵犯第三方支付账户关联信贷资金，其实是冒名向金融机构等授信机构申请消费贷款。行为人通过第三方支付平台发出贷款指令，平台收到指令后根据第三方服务协议联系相应的贷款公司，如借呗合作的重庆市蚂蚁商诚小额贷款有限公司、微粒贷中的深圳前海微众银行股份有限公司，由贷款公司与申请人签订贷款合同后放款至第三方支付账户或者绑定银行卡中，侵权行为人要取得财产需再次将余额账户或者银行卡资金转移到自己的账户，贷款资金一经转出即造成用户的债务产生，遭受财产损失。

（二）注册、绑定型

所谓注册、绑定型侵财行为，是指非第三方支付账户的实际用户，通过获取他人个人信息，以实际用户的名义注册第三方支付账户，并绑定他人银行卡，侵害他人财产的行为。该类行为的本质在于设置、改变绑定关系，典型行为便是注册第三方支付账号并绑定银行卡非法取财。

在注册、绑定型侵财行为中，用户原本没有开通第三方支付账户，或者开通但未绑定银行卡。行为人往往通过窃取、骗取等非法手段获取被害人手机号码和银行卡信息资料，注册支付宝、微信等第三方支付账号，并且将银行卡与之绑定。另一种情形是被害人已经注册第三方支付账号，但是未将银行卡与之绑定，侵财行为人利用被害人账号和密码登录，输入要添加的银行卡卡号，利用开户行预留手机号码接收验证码完成绑定，再通过第三方支付设备将银行卡内资金转出或者消费。例如，被告人夏某借用同事刘某手机打游戏期间，谎称帮刘某拍照，实际以刘某名义进行人脸识别注册支付宝，并通过快速绑卡功能绑定刘某银行卡，盗转卡内资金 2 万余元。该类行为获取他人个人信息是前提，设置或改变绑定关系是关键，转移占有他人资金是后果。其重要手段行为是对绑定关系的设置或改变，第三方支付账户在收到设置或变更绑定关系的指令后，向银行发出申请，银行误以为是用户本人操作，进而审核通过上述申请。相较于冒用型侵财行为，注册、绑定行为同时侵害了国家对信用卡的管理制度，可能涉嫌信用卡诈骗犯罪。

① 参见杨志琼:《利用第三方支付非法取财的刑法规制误区及其匡正》，载《政治与法律》2018 年第 12 期。

二、利用新型支付方式实施侵财行为的法律适用难题

新型支付方式冲击网络侵财犯罪关于盗窃与诈骗犯罪界分的基础学理，衍生出第三方支付平台能否被骗等瓶颈问题，传统刑法学教义难以回应新型支付方式下侵财犯罪法律适用乱象，亟须从法理层面解读。

（一）第三方支付平台能否被骗

刑法理论认为，处分行为的有无是区分盗窃罪与诈骗罪的关键。但对于处分行为人是否需要处分意思，以及处分意思的内容如何，则存在分歧。“处分意识必要说”认为，处分行为不仅要求受骗者客观上有处分财产的行为，而且要求主观上有处分财产的意识，否则难以划定诈骗罪与盗窃罪间接正犯的界限。① “处分意识不要说”认为，处分行为并不需要具有处分意识的意思同时存在，只要具备客观上移转财产所有权的交付行为，即使这种交付并没有移转所有权的意思，也应归属于诈骗范畴。② 国内学者普遍遵循德日刑法理论中“处分意识必要说”，认为机器不能被骗。德国刑法为弥补机器不能被骗的漏洞增设“计算机诈骗罪”，而在我国缺乏调适理论与法律规范。第三方支付方式的出现，再次将针对智能设备诈骗的教义学构造问题推向前沿，渊源于德国机械式计算机时代形成的“机器不能被骗”观点，脱离当前时代发展的科技语境，受到以高端人工智能为依托的新型支付平台可以被骗观点的激烈冲击。实践层面，根据《最高人民法院、最高人民检察院关于办理妨害信用卡管理刑事案件具体应用法律若干问题的解释》，窃取、收买、骗取或者以其他非法方式获取他人信用卡信息资料，并通过互联网、通讯终端等使用的，属于冒用他人信用卡，认定信用卡诈骗罪。该解释被视作机器可以被骗的法律拟制，有学者建议将其普适于智能机器设备，调试因“机器不能被骗”导致的盗窃扩张与诈骗限缩问题。第三方支付平台基于用户的预设同意取得财产处分权限，行为人假冒用户，客观上导致平台产生假定的处分意思，继而处分用户财产，实际上用户是被害人。③ 笔者试从信用卡诈骗罪关于机器可以被骗的拟制规定进行延伸，提出“拟制处分行为说”，第三方支付平台基于用户的预设同意处分财产，这一自动化交易流程实际上将人特有的意识程序化、拟人化，具有假定处分意识，可谓拟制处分行为。将诈骗适用于现代智能设备的做法并不会引起财产犯罪体系土崩瓦解，反而能够调适盗窃罪无限扩张与诈骗罪不当限缩问题，探寻能够逻辑自洽的理论体系。

（二）利用第三方支付方式侵财属于“主动获取”抑或“被动获取”

根据刑法理论，盗窃罪与诈骗罪具有占有转移的共同本质，只是占有转移的原因不同。盗窃罪是行为人主动获取，属于他损型犯罪。诈骗罪是被动交付的自损犯罪，行为

---

① 参见［日］福田平：《刑法各论》（第三版），有斐阁 2002 年版，第 255 页。

② 参见秦新承：《认定诈骗罪无需“处分意识”——以利用新型支付方式实施的诈骗案为例》，载《法学》2012 年第 3 期。

③ 参见姜涛：《网络型诈骗罪的拟制处分行为》，载《中外法学》2019 年第 3 期。

人使用欺骗手段，对方因受欺骗而将财产转移给行为人占有，具备欺骗性质。利用第三方支付方式实施侵财行为呈现欺骗与秘密方式并行，正确解释盗窃罪“主动获取”与诈骗罪“被动交付”，对于罪质界分具有重要意义。[①] 第三方支付平台依指令收付款使主动获取与被动获取的行为边界变得模糊，表面上看，资金流转、交付行为的完成依靠买卖双方即可，实际上第三方支付平台在资金转移过程中扮演着重要角色。行为人必须向第三方支付平台发送资金调拨指令，方能让平台将保管的用户资金转移给行为人。利用新型支付方式实施的侵财行为，是平台基于瑕疵意思被动转移了用户的财产，就第三方支付平台而言，行为人成立诈骗罪；但就用户而言，行为人成立盗窃罪间接正犯，而盗窃与诈骗能否竞合，与行为定性息息相关。

（三）第三方支付账户是否等同信用卡、信用卡信息资料

有观点将利用第三方支付实施的侵财行为认定为信用卡诈骗罪，引发第三方支付账户的性质与信用卡是否相同、是否属于信用卡信息资料的争议。第三方支付账户在功能上和信用卡类似，但不能等同于信用卡。根据 2004 年全国人大常委会通过的《关于〈中华人民共和国刑法〉有关信用卡规定的解释》，刑法规定的“信用卡”，指由商业银行或者其他金融机构发行的具有消费支付、信用贷款、转账结算、存取现金等全部或者部分功能的电子支付卡。《非金融机构支付服务管理办法》将第三方支付平台定位为非金融机构，支付宝、微信等第三方支付功能虽与信用卡存在重合，但其运作前提是支付业务许可证与特定金融机构合作，与银行或者金融机构发行的信用支付方式存在本质区别。因此，第三方支付账户不能等同于信用卡账户。此外，第三方支付账户不属于信用卡信息资料。信用卡信息资料，是指与信用卡有关的自身信息、记载信息、申请人信息、密码信息等。第三方支付账户信息与绑定的信用卡、信用卡信息资料相对独立，存在显著界别，不能认为窃取第三方支付账户信息就等于窃取他人的信用卡信息资料。[②]

（四）第三方支付平台是否属于金融机构

第三方支付平台关联的授信机构是否属于其他金融机构，影响合同诈骗罪、贷款诈骗罪的法律适用。中国人民银行印发《金融机构编码规范》将小额贷款公司纳入金融机构范围。有观点据此认为，小额贷款公司属于金融机构。笔者认为，根据《银行业监督管理法》的规定，其他金融机构的设立需经国务院银行业监督管理机构批准，设立审批部门为银保监会或地方银监局。根据《中国银行业监督管理委员会、中国人民银行关于小额贷款公司试点的指导意见》，小额贷款公司的设立需经省级政府主管部门即地方金融局批准。《金融机构编码规范》系部门规章及规范性文件，效力低于《银行业监督管理法》，将小额贷款公司纳入金融机构进行管理是出于监管需要，并非赋予其金融机构性质。因

① 参见刘宪权：《论新型支付方式下网络侵财犯罪的定性》，载《法学评论》2017 年第 5 期。

② 参见杨平、徐旭：《利用第三方支付平台取财行为定性应区分不同情形》，载《人民检察》2019 年第 10 期。

而，判断第三方支付平台关联信贷机构是否属于其他金融机构，还应审查设立审批部门，正确认定信贷主体性质。

三、利用新型支付方式实施侵财行为的性质界定

司法实践中，利用第三方支付实施网络侵财案件定性盗窃罪、诈骗罪、信用卡诈骗罪、合同诈骗罪、贷款诈骗罪等观点聚讼，本文坚持刑事实证主义，对当前利用第三方支付非法取财的刑法规制误区进行匡正：

1. 冒用型侵财行为构成盗窃罪。因延续德日“机器不能被骗”的观点，冒用型侵财行为以诈骗类罪名进行规制存在天然理论障碍。根据前述，从信用卡诈骗罪机器可以被骗的拟制规定出发，提出拟制处分行为说，即基于“用户预设同意 + 平台假定处分意思”，第三方支付平台可以被骗的观点。这种“人—第三方支付平台—人”的财物占有转移关系，同时成立对于平台的诈欺和对用户的盗窃（间接正犯），面临竞合处理上的难题。有学者反对盗窃罪与诈骗罪竞合论，通过处分意识将二者定位为相互排斥关系。[①] 有学者主张两者存在想象竞合和法条竞合，当不能严格区分二罪，或者同时符合两罪构成要件，以及不承认二罪之间存在竞合将难以妥当处理时，应采竞合论以盗窃罪定罪处罚。[②] 笔者赞同竞合论，第三方支付平台根据用户预设同意取得财产处分权限，行为人在不涉及新用户注册、绑定的情形下，假冒用户输入用户名、密码，未经用户授权转移第三方支付账户余额或者绑定信用卡内资金，第三方支付平台因此陷入瑕疵意思而拟制处分了用户财产，所涉主体不同但侵害资金对象相同，行为人利用对第三方支付平台的诈欺，进而窃取用户财产，既涉嫌对平台的诈骗罪，又涉嫌对用户的盗窃罪，根据竞合理论，按照从一重处罚原则，应以盗窃罪定罪处罚。

2. 注册、绑定型侵财行为构成信用卡诈骗罪。行为人非法获取用户的银行卡号等信息，属于法律意义上的信用卡信息资料，继而利用手机号码注册支付宝、微信等第三方支付账户，并将信用卡绑定至该账户，通过第三方支付平台非法转移银行卡内资金，这类设置、改变绑定关系的侵财行为符合《最高人民法院、最高人民检察院关于办理妨害信用卡管理刑事案件具体应用法律若干问题的解释》规定的“窃取、收买、骗取或者以其他非法方式获取他人信用卡信息资料，并通过互联网、通讯终端使用的，是冒用他人信用卡行为”，构成信用卡诈骗罪。[③]

3. 冒用他人账户骗取信贷资金行为构成合同诈骗罪或贷款诈骗罪。区分贷款诈骗罪和合同诈骗罪的关键在于第三方支付平台关联的信贷主体是否属于其他金融机构。

---

① 参见张明楷：《刑法学》（第五版），法律出版社 2016 年版，第 1009 页。

② 参见陈洪兵：《财产犯罪之间的界限与竞合研究》，中国政法大学出版社 2014 年版，第 217 页。

③ 参见马路遥：《法教义学视角下利用第三方支付非法取得他人财物行为的定性研究》，载《法律适用》2020 年第 9 期。

冒用他人账户与第三方平台签订合同，骗取微粒贷借钱、借呗、花呗等信贷资金套现、消费使用，实质上是冒用他人身份骗取第三方支付平台资金，行为人与第三方支付平台通过签订系列格式合同完成申请、审核、放款，侵犯了经济合同管理秩序及公私财物所有权，涉嫌合同诈骗罪。贷款诈骗罪侵犯的客体是银行或其他金融机构，与合同诈骗罪存在法条竞合，如果第三方支付平台关联的信贷主体是银行或其他金融机构，遵循特别法优于一般法，则涉嫌贷款诈骗罪。[1]

---

① 参见蔡一军：《论新型支付环境下财产行为对罪名认定之影响》，载《东方法学》2017 年第 2 期。

试论生态资源侵权案件“全链条”追责的法理基础

户恩波*

摘要：“全链条”追责逐渐成为生态资源类民事公益诉讼案件办理的常见做法。借鉴“产业链”理论，侵权链条上每个环节都是生态资源持续破坏的原因，应当承担侵权责任；在“产业链”信息传递过程中，行为人之间形成了概括的意思联络，对共同侵权的目的有概括的认识，应当认定属于共同侵权。“产业链”侵权中应当适用公平原则，以行为人的行为实际造成的生态资源损失为限，与他人承担连带责任。

关键词：生态资源　全链条追责　共同侵权　概况的意思联络　部分连带责任

“没有买卖就没有杀害”是家喻户晓的一句野生动物保护公益广告语，它揭示了“买卖”是生态资源破坏的原因力和驱动力。在近年来各地办理的破坏生态资源民事公益诉讼案件中，先后有多起案件都追究了“收购者”的侵权责任，“全链条”追责成为保护生态资源的有力做法。但是，对于能否要求“收购者”承担生态资源破坏的侵权责任，在理论界和实务界都是争议比较大。本文从全国首例“全链条”追责的生态资源破坏民事公益诉讼案件入手，尝试厘清其中的法律责任。

一、案件回顾及问题的提出

张某红、董某山等38人为谋取利益，分别使用禁用网具，长期在长江干流水域非法捕捞国家禁止捕捞的，有“水中软黄金”之称的长江鳗鱼苗。2018年1月至4月上述人员非法捕捞长江鳗鱼苗共计4852条，后出售给王某朋等13人组成的收购组织。王某朋等13人明知他人向其出售的鳗鱼苗系从长江中非法捕捞所得，为谋取利益，通过建立鳗鱼苗收购组织，大规模收购长江鳗鱼苗，共收购长江鳗鱼苗达116,999条，后加价出售至上

---

* 户恩波，江苏省泰州市人民检察院第六检察部副主任。

海、福建、南通等地。秦某兵明知王某朋等人组成的收购组织向其出售的鳗鱼苗系从长江中非法捕捞,仍长期进行收购,共向王某朋等 13 人收购达 40,263 条。[①]

2019 年 7 月泰州市人民检察院向南京市中级人民法院提起民事公益诉讼,请求判令王某朋等 13 人就其非法收购 116,999 条长江鳗鱼苗所造成的资源损失承担 8,589,168 元连带赔偿责任;判令秦某兵就其非法收购 40,263 条长江鳗鱼苗所造成的生态资源损失与王某朋等 13 人在 3,019,725 元范围内承担连带赔偿责任。判令张某红等 38 人就其非法捕捞长江鳗鱼苗所造成的生态损失在相应的范围内与王某朋等 13 人承担连带赔偿责任。2019 年 10 月,南京市中级人民法院作出一审判决,支持了检察机关的全部诉讼请求。

从上述判决认定的案件事实来看,相关渔民将鳗鱼苗从长江中捕捞上岸,生态损害的事实即已形成,后续的交易行为属于事后行为,并未加重生态资源损害的后果,而且本案并未认定王某朋等 13 人在收购鳗鱼苗之前与捕捞者有意思联络,同样也没有认定秦某兵在向王某朋等 13 人购买鳗鱼苗时,存在意思联络。

由此引发出数个问题。第一,要求王某朋等 13 人及秦某兵为本案生态资源破坏承担侵权责任的法理基础是什么?第二,在各环节之间未有明确的意思表示的情况下,为什么相互之间承担的是连带责任?第三,本案判决中,为什么要求秦某兵与王某朋等 13 人只是对于部分(4 万多条)鳗鱼苗造成的生态资源损失承担连带责任?本文将尝试一一回答。

二、稳定地制造了危险:“买卖”承担侵权责任的基础

在司法实务界,关于能否要求“收购者”承担生态资源破坏的侵权责任存在较大争议。支持的观点认为,就单次生态资源破坏和“买卖”行为而言,“买卖”行为确实发生在具体生态资源破坏之后,但系统考察“买卖”与“杀害”的关系会发现,每一次“买卖”行为,都是引起下一次生态资源破坏发生的原因。按照“but - for - test”标准,“买卖”是造成生态资源破坏的必要条件,因此要求“收购者”承担生态资源破坏的损害后果,并非属于事后归责,恰恰是自己责任原则在生态资源破坏案件中的体现。反对的观点认为,生态资源破坏具有特殊性,即“破坏在前,买卖在后”。对于“杀害者”实施具体破坏生态资源前,“收购者”与其有明确意思联络的,适用当时的《侵权责任法》第 8 条[②]自不待言,但是对于实施具体破坏生态资源前,二者没有明确意思联络的,要求“买卖者”对生态资源破坏后果承担侵权责任缺乏法理基础。“基于自己原则产生的‘肇因原则’要求,受害人

① 因案情复杂,为便于读者能够迅速了解案件脉络,笔者在确保案件审判思路的前提下,对案件事实进行了必要简化。案情详见江苏省南京市中级人民法院(2019)苏 01 民初 2005 号民事判决书。

② 现对应《民法典》第 1168 条。

的侵权赔偿请求权只能针对那些给其造成了损害的人提出。”[①]“买卖”属于生态资源破坏的事后行为，在双方形成买卖合意之前，生态资源破坏的损害后果已经形成，“买卖”行为并未加重生态资源破坏的损害后果，因此要求“收购者”承担生态资源破坏的侵权责任，显然属于错误归责。

对于实施具体破坏生态资源前，“收购者”与直接实施破坏行为的人有明确意思联络的，自能认定侵权责任。对于实施具体生态资源破坏前，“收购者”与直接破坏者不具有明确意思联络的行为，需要研究如何定责。“买卖”是生态资源破坏的诱因，但应当区分偶尔的买卖行为和持续、稳定的买卖行为。根据责任原则，行为人需要对自己的行为负责，而且仅需对自己行为负责，虽然“买卖”是生态资源破坏的诱因，但是考察具体的“买卖”和破坏行为，偶尔的事后买卖行为并非诱发其所购买生态资源遭受破坏的原因。因为偶尔的事后买卖行为，在破坏行为发生前，与破坏行为并无关联，直接破坏者虽然能够预料有人会向其购买生态资源，因此实施了直接破坏行为，但是这种预料是模糊的、无法确定的。在此情况下，要求“收购者”承担侵权责任，确实属于事后归责。但对于持续、稳定的收购行为，其与生态资源破坏之间已经具有一定的组织化，具有了如产业经济学中“产业链”的特征，正如所引用案例判决书所描述的“在这一链条中，相邻环节被告之间存在相互利用、彼此支持的行为分担情形，均从非法捕捞行为中获得利益，具有高度协同性，行为与长江生态资源损害结果之间具有法律上的因果关系”。

从信息学的角度来看，上游向下游输出产品的同时，下游也在向上游反馈信息，产品与信息是交互过程。下游反馈的信息既包括价格、种类等信息，也包括市场需求等信息。上游根据下游反馈的信息再组织生产，调整结构。

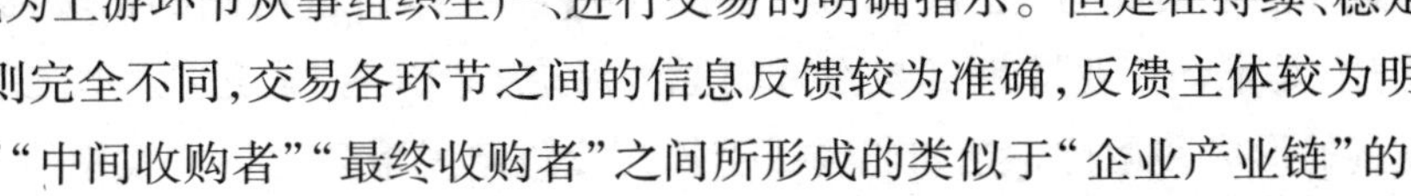

图 1

偶尔的事后买卖行为，其向上游所反馈的信息较为模糊、散乱，尤其是反馈主体不固定，难以成为上游环节从事组织生产、进行交易的明确指示。但是在持续、稳定的交易活动中情况则完全不同，交易各环节之间的信息反馈较为准确，反馈主体较为明确，在“直接破坏者”“中间收购者”“最终收购者”之间所形成的类似于“企业产业链”的利益链、信息链。在稳定、持续的交易过程中，每一次交易都为下一次交易提供市场需求、需求主体等信息明确，通过交易成本和市场竞争，逐渐形成了“准一体化契约分工”的制度安排。[②]

---

① 程啸：《侵权责任法》，法律出版社 2017 年版，第 85 页。

② 参见杨蕙馨、纪玉俊、吕萍：《产业链纵向关系与分工制度安排的选择及整合》，载《中国工业经济》2007 年第 9 期。

在此过程中，交易主体不断具体明确、交易活动越发稳定，交易信息也越发清晰，在各交易主体之间形成了稳定的“产业链”。

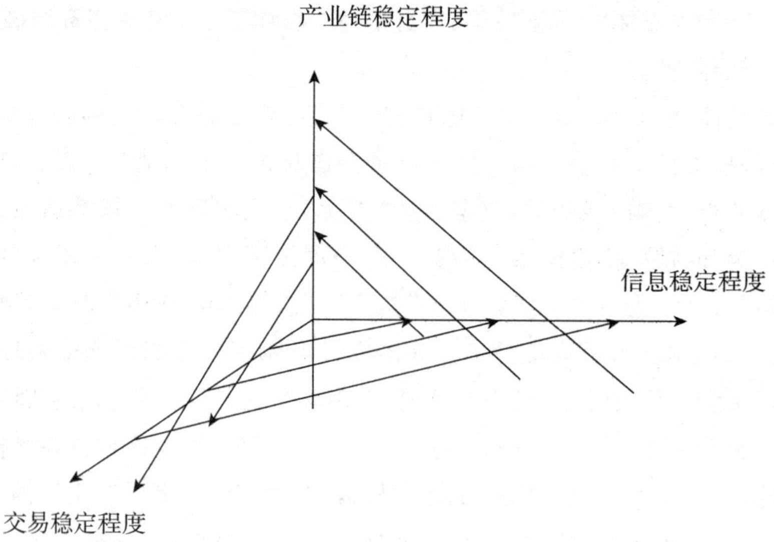

图 2

如图 2 所示，在社会分工之下，“产业链”的形成源于稳定的市场交易的出现，“在交易机制的作用下不断引起产业链组织的深化”。[①] 稳定的市场交易为交易各环节提供稳定的交易信息，通过信息的传递与反馈，进而凝聚了交易主体之间的关系。“产业链”的逐步形成又进一步使交易稳定程度提高，进而为市场提供了更为稳定的交易信息，如此周而复始，使“产业链”不断形成与发展。在此过程中，“产业链”凸显了稳定性和循环性的鲜明特征。稳定性体现在“链”“体”“链主”三者的稳定性，所谓“链”即产品与信息二者融合构成紧密链接的空间体。“体”即参与“产业链”的经济体，各个散在的经济体通过“链”成为紧密联系、共同分担的经济体。“链主”即为链内主体提供信息，驱动“产业链”运行的经济体。“产业链”的循环性体现在通过上游经济体不断向下游经济体提供产品和下游经济体不断反馈市场信息，推动链内经济体围绕共同价值取向持续、反复运行。

具体到破坏生态资源“产业链”的运行中，下游经济体通过明确的市场需求起到了“链主”的作用，是推动产业链生成与发展的原因所在。“链主”通过“无形之手”不断操控整个产业链的形成和运行。正如非法捕捞长江鳗鱼苗民事公益诉讼案中所反映的，居于产业链终端的秦某兵等人，看似在张某红等人非法捕捞鳗鱼苗之后，才通过固定渠道收购了鳗鱼苗，而事实上，秦某兵等人通过长期持续、稳定的交易，不断向上游传递市场信息，并通过价格等方式操控产业链的运行。按照“产业链”形成因素分析，居于终端的秦某兵等人属于该“产业链”的“链主”，是推动本案非法捕捞长江鳗鱼苗“产业链”形成

① 吴金明、邵昶：《产业链形成机制研究》，载《中国工业经济》2006 年第 4 期。

与运行的驱动力，进而言之，是诱发本案非法捕捞长江鳗鱼苗的原因力。根据“相当因果关系说”，“行为人的行为如果增加了受害人既存状态的危险，或者使受害人暴露于与原危险状态不同的危险状态之中时，就认为行为人的行为与损害后果之间存在相当因果关系。”①案例中，居于下游的秦某兵等人持续、稳定的收购行为，制造了生态资源暴露于危险状态之中，其应当为因此导致的生态资源破坏承担侵权责任。

三、概括的意思联络：侵权责任类型的确立

持续、稳定的“收购者”与直接破坏者应当构成何种侵权责任？有观点认为，由于“收购者”与直接破坏者之间难以证明存在事前的意思联络，应当认定二者的侵权责任类型属于无意思联络的多数人侵权。② 有观点认为，共同侵权的构成并非以意思联络为必备要件，只要实施侵权行为的数人在客观上有共同的侵权行为，即使主观上没有意思联络，也应当承担共同侵权行为的民事责任。③ 还有观点认为，持续、稳定的“收购者”与生态资源的直接破坏者都是造成生态资源破坏的原因，收购行为借助直接破坏者的行为制造了生态资源破坏的危险，但“收购者”与生态资源的直接破坏者没有明确、具体的意思联络的情况下，只能认定持续、稳定的收购行为与生态资源的直接破坏行为属于共同危险行为。

不难看出，影响“产业链”侵权责任类型的关键是在产业链各环节之间是否存在意思联络。“意思联络是不同行为人之间共同故意的桥梁和纽带，发挥着将单个故意结合成为共同故意的作用。”④对于持续、稳定的“收购者”与生态资源的直接破坏者之间是否存在意思联络，应当从意思联络的形式和内容两方面进行考察。

（一）对意思联络表现形式的分析

一般认为，意思联络存在明示、暗示、容忍三种表现形式。⑤ 暗示是指行为人将自身的意图并不直接通过语言表达出来，需要相对人通过其行为判断其行为意图。容忍是指相对人在了解到行为人的意图后并不排斥，而是采取放任或者纵容的态度。分析一个标准意思联络的形成过程，可以通过以下简化方式表现“①行为人发出信息—②相对人接受信息—③相对人反馈信息—④行为人接受信息—⑤达成合意”。⑥ 在“产业链”侵权过程中，“收购者”与直接破坏者之间的信息的发出与反馈，并不如上述标准意思联络中那么清晰明确，“收购者”所发出的信息，事实上是通过交易过程中形成的持续“要约”来表

① 程啸：《侵权责任法》，法律出版社 2017 年版，第 237 页。

② 参见户恩波：《长期收购非法捕捞品也须承担侵权责任》，载《检察日报》2018 年 11 月 7 日，第 3 版。

③ 参见王卫国：《过错责任原则：第三次勃兴》，中国法制出版社 2000 年版，第 270 页。

④ 李光宇：《共同故意的基础问题检讨》，载《南京大学学报（哲学社会科学版）》2017 年第 4 期。

⑤ 参见姜涛：《事前通谋与共同犯罪成立》，载《中国刑事法杂志》2014 年第 5 期。

⑥ 王志刚、高嘉品：《链条型网络犯罪中的“共同故意”证明》，载《法学论坛》2020 年第 15 期。

达出来,需要直接破坏者对“收购者”是否存在事前的“要约”进行解读。如果直接破坏者能够准确解读“收购者”所发出的继续交易的信息,那么在行为人之间就不会产生信息传递的中端,应当认定形成了合意,反之则不符合意思联络的形式要件。

(二)对意思联络内容的分析

意思联络在内容上主要体现为共同性。[①] 包括侵权目的的共同性、侵权行为的结合性以及能够意识到自己是与他人一起实施侵权行为。在“产业链”侵权案件中,上述共同性要素存在不同程度的消解。

首先,就侵权目的而言,行为人分别处于“产业链”的某一环节,行为人能够知晓的侵权目的内容,仅限于上下环节。加之在生态资源侵权案件中,对生态资源的直接破坏在交易行为发生前已经形成,进而在一定程度上弱化了共同侵权的目的。如“收购者”无法事先与捕捞者就破坏长江鳗鱼苗生态资源的数量进行意思联络。其次,就侵权行为的结合性来说,一方面“产业链”侵权涉及的层级多、环节多,部分环节距离侵权结果发生较远;另一方面是“产业链”的每个层级往往又有多个独立的主体组成,同层级主体之间往往存在竞争关系,因此并非每个行为主体都会参与到具体每次的侵权行为当中。如从王某朋等人处收购鳗鱼苗的主体,不仅只有秦某兵。最后,就能否认识到自己与他人一起实施侵权行为而言,“产业链”型侵权由于其规模大、层级多、人数多,参与其中的行为人往往难以完全知晓其他行为人,更难以知晓其他行为人所从事的内容。

“产业链”型侵权中,应当认定行为人之间有意思联络的存在,就意思联络的表现形式而言,虽然行为人之间的合意的形成过程不够清晰、明确,但行为人之间由于长期、持续、稳定的交易行为,逐渐形成了“默契”。这种“默契”包括交易对象、标的、价格范围以及继续进行交易的合意。在未出现其他因素介入的情况下,行为人之间继续交易的合意不会产生中断。意思联络的内容方面,侵权行为人无须准确了解共同侵权的目的,只需要概括地了解侵权行为可能产生的后果即可。同时,根据自己责任原则,行为人只需要对其本人参与实施的侵权行为后果负责即可,不需要求行为人参与“产业链”的所有侵权行为。关于行为人能否认识到与他人共同实施侵权行为,只要行为人能够认识到其他行为人的存在,[②]自己的行为与他人的行为存在结合即可。“产业链”型侵权行为人之间的意思联络,属于“概括的意思联络”,无论是意思联络形成过程,还是意思联络的内容都不及传统共同侵权意思联络清晰、明确、具体。但是这并不能妨碍共同侵权的认定,“既然损害后果是各个行为人共同欲求的,且他们都为此付出了‘努力’,自然在侵权法上这些人都要对该损害后果负责,从而承担连带责任”。[③]

---

① 参见李江蓉:《论共同侵权行为的共同性要素与特别构成要件》,载《法律适用》2011 年第 12 期。

② 参见杨会:《从绝对主义到相对主义:共同加害行为连带责任的承担》,载《吉首大学学报(社会科学版)》2013 年第 6 期。

③ 程啸:《侵权责任法》,法律出版社 2017 年版,第 348 页。

四、部分连带责任:责任承担范围的矫正

"侵权责任在侵权法律关系当事人之间的分配问题是一个非常复杂的问题,它不仅仅包括多数人侵权责任的分担问题,以及多数人侵权行为与过失相抵等侵权法律关系中当事人的责任分担问题,而且还包括更多的侵权责任形态。"[①]在"产业链"型侵权案件中,对于侵权责任如何分担也是一个无法回避的课题。

侵权责任承担虽然需要兼顾补偿与公正,但传统侵权法是以私益诉讼为基石建立的侵权责任分担方式,"以调整两个对立的基本个人利益为轴心而展开",[②]更加关注对被侵权人的救济,同时能够使受害人获得诉讼上的便利,但是会导致共同侵权行为人对损害责任的承担往往表现为"全有或全无",至于对共同侵权人之间的责任分担,鲜有涉猎。但是,在提起公益诉讼案件时,不仅要着眼于公共利益的完全修复,同时应当强调公正在侵权责任划分中的价值,"分配正义要求我们给予侵权人的权益以同样充分的关注,旨在实现侵权两极结构的平衡"。[③] 在生态资源领域的"产业链"型侵权案件中,具有同一环节的多主体性以及交易行为的事后性的特征,要求每一个下游主体都对所有上游侵权行为所产生的损害后果承担全部侵权责任显然有失公平,会产生"责任人可能为不属于自己的最终责任份额承担责任的现象"。[④] 据此,行为人仅对其行为作用部分的生态资源损失承担连带责任较为合理。一是要求行为人承担的责任范围,均与自己行为有关,符合自己责任原则,不会产生"明显难以接受和不公平的结果"。二是"有利于责任的履行从而保证损害赔偿的落实",[⑤]明确的责任更有利于履行。三是方便司法机关分配责任。原因力是较为抽象的概念,行为人在"产业链"型侵权过程中所产生的原因力大小尤其是所占比例,难以精确计算,且容易引起纠纷。因此按照自己行为所作用部分的生态资源计算侵权责任范围,较为便利也较有说服力。

---

① 杨立新:《多数人侵权行为及责任理论的新发展》,载《法学》2012 年第 7 期。

② 张永辉:《风险社会语境下共同侵权行为制度研究》,法律出版社 2019 年版,第 19 页。

③ 李莹莹、郭萍:《论侵权责任首次分配规则的拓展性构建》,载《东岳论丛》2016 年第 6 期。

④ 王竹、杨立新:《侵权责任分担论》,载《法学家》2009 年第 5 期。

⑤ 张永辉:《风险社会语境下共同侵权行为制度研究》,法律出版社 2019 年版,第 155 页。

我国羁押必要性审查制度的现实困境及完善路径

李　晴　温娟娟*

摘要：羁押必要性审查制度从确立至今不足十年，司法实践中存在审查主体主动审查动力不足、审查方式单一、审查效果不佳、审查结论强制力欠缺等现实困境。可以通过细化羁押必要性审查制度启动的时间及条件、增加抗辩审的审查方式、增设强制羁押必要性审查、赋予当事人或机关相关救济途径等来予以完善。

关键词：羁押必要性审查　现实困境　完善路径

近年来，随着经济社会的快速发展和国家对刑事犯罪长期保持高压打击态势，我国刑事犯罪结构已发生显著变化，严重暴力型重大犯罪呈下降趋势，三年及以下轻微刑事犯罪占比大幅攀升。在此情形下，科学把握我国刑事犯罪变化规律，进一步降低各诉讼阶段羁押措施的适用率，既是尊重和保障人权、约束公权的宪法要求，又是检察机关推进社会治理，化解矛盾纠纷的应有之义。降低羁押率，羁押必要性审查制度是重要的制度设计。从2012年《刑事诉讼法》确立了我国的羁押必要性审查制度至今，法律规定逐步从原则走向具体，体现出审查主体为检察机关、启动方式多种、采用非对抗方式审查和审查结论因诉讼阶段不同而强制力有所不同的制度特点。

一、我国羁押必要性审查制度存在的现实困境

我国羁押必要性审查制度从确立至今，经过近十年的司法实践，制度运行过程中尚有以下现实困境需要破解。

（一）羁押必要性审查呈“一高两低”态势，降低未决羁押作用不明显

以东部地区A市B区为例，以2021年上半年为统计区间，该区批准逮捕64人，批捕

* 李晴，江苏省镇江市丹徒区人民检察院第六检察部副主任；温娟娟，江苏省镇江市丹徒区人民检察院第一检察部副主任。

率为75.3%，开展羁押必要性审查4件4人，开展率为6.3%，审查结果为均不提出变更强制措施建议。这反映出司法实践中，逮捕率高、捕后开展羁押必要性审查率低、审查变更强制措施率低的现状。同一统计区间，审前羁押率高达30.7%，虽同比下降1.3个百分点，但主要是侦查机关转变执法理念降低了提请批准逮捕数，羁押必要性审查对降低审查羁押率作用有限。

（二）检察机关进行羁押必要性审查主动性不足，持续性不强

逮捕是导致羁押的重要原因，羁押是逮捕后的持续状态。司法实践中，一方面，检察机关特别是基层检察机关囿于案多人少，对于羁押必要性审查主动开展的积极性严重不足。以A市B区为例，2020年至2021年上半年进行羁押必要性审查案件8件8人，7件7人为依申请启动，仅1件1人为依职权启动。另一方面，随着诉讼程序和侦查活动的推进，案件事实及证据均可能发生变化，除非可能出现刑期倒挂，否则检察机关很少及时跟进，持续性地对羁押必要性进行审查，这就导致一捕了之、一押到底问题突出。

（三）羁押必要性审查方式单一，审查内容片面，审查流于形式

虽然《人民检察院刑事诉讼规则》（以下简称《规则》）规定羁押必要性的审查方式既可以书面审查，也可以公开审查，最高人民检察院近年来也在推行以公开听证的方式进行羁押必要性审查，但各地鉴于书面审查快捷高效，出于节约司法资源等考虑，仍较少采用公开方式进行审查。即使采用公开审查方式进行羁押必要性审查，往往也会选取一些事实简单清楚、证据充分，检察机关经书面审查后已经拟决定提出释放或变更强制措施建议的案件进行公开审查，这就导致多数公开审查流于形式。

从审查内容来看，实践中因为审查逮捕阶段对犯罪嫌疑人涉嫌的犯罪事实、主观恶性、悔罪表现、身体状况、案件进展情况、可能判处的刑罚和有无再危害社会的危险等因素已经予以考虑，承办人进行审查时审查重点一般主要在是否存在退赃、是否达成和解或签订谅解协议等情况，如不存在一般不会作出建议释放或者变更强制措施的结论。

（四）审查多以不立案的方式结案，申请人缺少救济途径

2019年《规则》发布后，《人民检察院办理羁押必要性审查案件规定（试行）》中与其不一致的条款自动失效，但其中对初审后立案和不立案的条款依然有效。但实践中，承办人在办理羁押必要性审查案件时，只要认为不需要释放或者变更强制措施的，无论是否符合《人民检察院办理羁押必要性审查案件规定（试行）》中的情形，大多会选择以不立案的方式结案，不立案后也仅将《不立案通知书》送达申请人，大部分的羁押必要性审查申请根本进入不了审查环节。申请人对于羁押必要性审查初审作出的不立案，或者审查后作出不提出变更强制措施建议等存有异议时，没有救济渠道。

二、羁押必要性审查制度存在现实困境的原因分析

(一)构罪即捕的理念根深蒂固,少捕慎押的司法理念尚未完全建立

逮捕是检察机关、法院针对那些所犯罪行较重或者具有很高的社会危险性的犯罪嫌疑人、被告人所采取的长时间剥夺人身自由的强制措施,[①]是一项最严厉的强制措施,本应克制适用,但在实践中却被滥用。一方面,侦查机关以捕代侦的现象大量存在,采取刑事拘留后,大概率会提请检察机关批准逮捕,叠加检察机关够罪即捕的惯性思维,导致实践中逮捕率较高。另一方面,从检察官责任清单看,检察官可独立作出批准逮捕决定,不批准逮捕权则被赋予检察长,这样的职权设置本身也反映"批准逮捕为常态,不批准逮捕是例外"的司法现实,更在一定程度上反映了构罪即捕的司法理念已经在整个司法机关长期存在并严重影响司法办案,该理念与新时代少捕慎押的司法理念背道而驰。

(二)固化的"一刀切"式的考核指标成为影响羁押必要性审查工作开展的绊脚石

考核指标设置合理、运用得当可以调动司法干警积极性,提高司法办案质效,反之就会适得其反。检察机关在对捕后判轻缓刑的考核中,存在指标收集不全、设置不合理、区分度不高的问题,对于捕后判轻缓刑的案件,不区分判处轻缓刑的具体原因和情形,一律作为负面指标予以评价,在一定程度上影响羁押必要性审查工作的开展。实践中承办人对于部分捕后可能判处缓刑的案件,一般不会主动进行羁押必要性审查,即使被动启动羁押必要性审查,也不会作出变更强制措施的决定,而是倾向于出具更轻的实刑量刑建议,以达到避免抬高捕后轻缓刑率的目的,这其实变相侵害了犯罪嫌疑人或被告人的人身自由。

(三)办案人员能力参差不齐,逮捕标准与羁押必要性标准把握不准

检察机关实行捕诉一体办案模式后,对检察官的能力要求更高,不仅需要对犯罪嫌疑人是否构成犯罪以及是否具有社会危险性作出判断,更要对诉讼全流程出现的所有影响定罪、量刑情节、刑罚执行方式进行全面把握,真正做到以审判为中心。实践中,检察机关承办人主要依据主观判断和办案经验来认定社会危险性,能力参差不齐带来的结果就是对逮捕标准和羁押必要性的审查标准把握不准。针对一些未能达成和解协议,取得被害人谅解的犯罪嫌疑人的案件,办案人员进行羁押必要性审查时因为害怕引发舆情、涉检信访等问题而不予立案审查;针对同案犯在逃案件,即使到案人员认罪认罚,仍简单以"可能串供"为由决定不予变更强制措施或不提出释放或变更强制措施建议。

(四)监视居住、取保候审等非羁押强制措施执行保障不到位

释放或者变更强制措施需要办案机关综合考量,而无法保障审前释放的安全性是限

① 参见陈瑞华:《未决羁押制度的实证研究》,北京大学出版社 2004 年版,第 5 页。

制我国审前羁押改良的主要原因之一,实践中羁押替代措施适用率还有待加强。[①] 取保候审、监视居住、拘留、逮捕等强制措施均由公安机关执行,但实践中基层公安机关警力严重不足,对符合取保候审、监视居住条件的犯罪嫌疑人,公安机关难以保证完全执行到位,为降低因监管不到位导致犯罪嫌疑人脱逃或再犯的风险,公安机关对可捕可不捕的尽量提请审查逮捕。基于相同考虑,检察机关对于处于两可情况的犯罪嫌疑人也会批准逮捕,捕后除非出现刑期倒挂、不构成犯罪等情况,否则一般不会转变强制措施。

三、推动羁押必要性审查工作进一步完善发展的建议

司法责任制改革后,检察机关实行捕诉一体办案模式,鉴于捕诉部门人员了解一手案情,将羁押必要性审查职能赋予该部门,有效节约司法资源的同时带来检察人员主动进行羁押必要性审查动力不足、审查方式单一、审查缺少救济途径等问题。通过对域外羁押必要性审查制度的比较研究,可以从以下几方面对我国的羁押必要性审查制度进行完善。

(一)羁押必要性审查启动方面

1. 厘清羁押必要性审查职权与办案机关(部门)释放或者变更强制措施职权的先后关系。《刑事诉讼法》第96条规定:"人民法院、人民检察院和公安机关如果发现对犯罪嫌疑人、被告人采取强制措施不当的,应当及时撤销或者变更。公安机关释放被逮捕的人或者变更逮捕措施的,应当通知原批准的人民检察院。"实践中,会出现申请人既向办案机关(部门)直接申请释放或者变更强制措施,又向检察机关申请羁押必要性审查的情况,鉴于办案机关或者部门掌握案件一手事实、证据等方面的最新情况,建议规定申请人应先向办案机关(部门)提出申请,相关部门不同意后再由检察机关进行羁押必要性审查,既可以节约司法资源,又可以对符合条件的犯罪嫌疑人、被告人及时予以释放或变更强制措施,更有利于当事人权利保护。

2. 细化再次提出羁押必要性审查申请时间限制,并设置突破条款。为避免犯罪嫌疑人、被告人及其法定代理人、近亲属、辩护人等滥用启动权,需要对再次提出羁押必要性审查的时间作出限制,建议在首次提出羁押必要性审查后1个月后方可再次提出申请。在案情出现重大变化可能适用缓刑或者无罪、羁押期限超过可能判处刑罚期限等情况下,当事人再次申请羁押必要性审查不受时间和理由限制,可随时申请。

3. 增设强制羁押必要性审查制度。借鉴域外相关做法,对于羁押期限较长的犯罪嫌疑人或被告人,设置6个月或9个月的期限,在期满案件仍存在未决羁押情况下,案件所属诉讼阶段的机关或者部门必须启动羁押必要性审查程序,并作出审查结论书面告知犯

---

① 参见王长水、田静雅:《限制我国审前羁押程序改良的主要原因及对策》,载《河南工程学院学报》2018年第5期。

罪嫌疑人或被告人及其辩护人等。强制审查不受次数限制，力争有效解决长期未决羁押、一押到底问题。

(二)羁押必要性审查程序方面

1. 完善检察机关内部人员调配。为增强羁押必要性审查工作中立性，避免该项工作流于形式，建议在逮捕后首次进行羁押必要性审查时，由捕诉部门案件承办人以外的其他人员进行审查，排除审查逮捕阶段先入为主思维干扰，力争达到羁押必要性审查工作的最佳效果。

2. 采用“书面审 + 抗辩审”相结合的方式进行审查。综观域外羁押必要性审查制度，可以发现在审查方式上选择了庭审的方式进行，其中英国更是选择庭审加听证的方式进行，通过抗辩的方式进行。从节约司法资源，提高司法效率考虑，我国没必要也不可能对全部羁押必要性审查案件均采用抗辩的方式进行，可以进一步细化规定，有选择性地对侦查阶段一些重大、疑难、复杂、多人犯罪或集团犯罪等案件进行抗辩审查。即由犯罪嫌疑人或被告人、被害人、辩护人、诉讼代理人、侦查机关等分别就各自证据及观点进行辩论，必要时可以邀请人民监督员、专家学者等参与进来，听取各方意见后检察机关居中作出审查结论。

3. 逐步构建羁押必要性审查建议权、要求权和决定权并行的机制。[①] 对于经过书面审查后，检察机关建议释放或者变更强制措施的，可以采用事先约谈（包含个案约谈和集中约谈两种[②]）的方式与办案部门进行座谈，阐释检察机关建议释放或者变更强制措施的依据和理由，相关部门或机关在十天内未予以答复的，赋予检察机关要求权，要求相关部门或者机关对情况进行说明。同时，在侦查阶段，对经过抗辩审查的案件，侦查机关经复核仍不接受建议的，赋予上级检察机关羁押必要性审查之后对在押人员予以释放或者变更强制措施的权力，逐步构建检察机关在羁押必要性审查中行使建议权为常态，行使决定权、要求权为例外的权力配置模式。

(三)羁押必要性审查救济途径方面

赋予申请人救济权利和途径。无救济则无权利，相对于公权力，私权利处于弱势地位。对于羁押决定有异议时，域外国家存有羁押复审、上诉、抗告等救济途径，建议刑事立法赋予当事人现实可行的权利救济途径。对于未告知当事人有申请羁押必要性审查权利的，赋予当事人向同级或者上一级检察机关提出申诉的权利；[③]当检察机关对羁押必要性审查申请不立案、不提出建议时，当事人对审查结果有异议的，可以向原机关申请复

---

① 参见张国军、陈新刚:《捕后羁押必要性审查实务研究》，载《中国检察官》2019 年第 10 期。

② 参见王立:《检察建议约谈制度研究——以北京市朝阳区人民检察院的实践探索为视角》，载《人民检察》2010 年第 19 期。

③ 参见张志远:《多举措推进羁押必要性审查现代化》，载《人民检察》2020 年第 14 期。

议、向上一级机关申请复核。①

对于侦查环节，检察机关行使决定权将犯罪嫌疑人、被告人释放或者变更强制措施的，借鉴审查逮捕案件办理相关做法，赋予侦查机关同等申请复议复核的权利。

（四）其他方面

1. 更新司法理念。坚决排除构罪即捕理念的干扰，切实将“少捕慎押”理念贯彻到案件办理中，着力打造“以非羁押为原则，羁押为例外”办案新格局，对能不捕的坚决不捕。检察阶段注重发挥“捕诉一体”办案优势，对一些事实清楚，证据充分的案件可以加快办案节奏，采用刑拘直诉、取保直诉的方式办理。

2. 完善羁押替代性措施。完善取保候审、监视居住的保障措施，通过增加保证人或保证金额、加大保证人怠于履责的处罚力度、完善脱保惩戒机制等提高当事人积极参与诉讼的意愿。借助监控设备、定位软件等来实时关注被取保候审、被监视居住人员动向，动员当事人所在单位、社区作为替代性措施的辅助监管部门，②保障诉讼程序顺利进行。

3. 细化考核指标。羁押必要性审查制度设立的初衷是为尊重和保障人权，为确保每一名达到法定条件的犯罪嫌疑人、被告人及时得到释放或者变更强制措施。发挥考核指挥棒作用，将羁押必要性审查的开展作为刑事检察正向指标予以考虑，并进一步细化该项指标下的子指标，羁押必要性审查案件的受理数、提出建议数、建议被采纳数、监督纠正数应作为主要指标项予以考虑，强化审查责任，注重监督实效。

4. 调整检察官职权清单。提高羁押必要性审查中初步审查后不立案决定、不提出检察建议权限，从严把控立案审后决定不向办案机关提出释放或者变更强制措施建议情形，将以上决定的审批权限上提至副检察长行使，拓宽羁押必要性审查进入实质审查路径，提高羁押必要性审查实质化审查效果。

---

① 参见雍易平：《羁押必要性审查之办案模式思考》，载《检察调研与指导》2019 年第 5 辑。

② 参见张志杰、张庆彬、陈希君、许勍、张春丽、景海波、束斌：《检察环节非羁押诉讼研究》，载《人民检察》2019 年第 14 期。

刍议监护性侵害案件被害人的权益保护

杨　叶　茆文秀*

摘要:监护性侵害案件发生在家庭内部,存在隐蔽性高、危害后果严重等特征,对被害人往往造成一生难以磨灭的伤害。虽然立法已通过撤销监护人资格等手段予以保障该类被害人的合法权益,但仍存在其他监护人保障不力,现有保障措施仅停留在被害人未成年阶段,甚至加害人的监护性侵害犯罪记录会影响到被害人未来上学和就业等问题,对此有必要健全撤销监护人资格的配套措施和完善被害人成年后的立法保护。

关键词:监护性侵害　被害人权益　亲权限制　政审例外

近年来,性侵未成年人犯罪案件呈上升态势,2021 年 10 月,最高人民检察院第九检察厅在全国未成年人检察工作视频调度会上的讲话指出:2021 年前三季度,检察机关起诉性侵害未成年人犯罪 2.1 万人(包括强奸罪,猥亵儿童罪,强制猥亵、侮辱罪,引诱、容留、介绍卖淫罪,组织卖淫罪,强迫卖淫罪,引诱幼女卖淫罪 7 个罪名),同比上升 20.5%,增幅虽较 2018 年、2019 年有所回落,但性侵占侵害未成年人犯罪总数的比例仍在升高,达 48.7%。2020 年引发社会广泛关注的鲍某明涉嫌性侵案,将性侵未成年人犯罪案件中的监护性侵害问题推向舆论前沿,该案最终以公安机关作撤销案件处置。然而,现实生活中,监护性侵害案件时有发生,严重冲击社会道德底线,危害未成年人的身心健康。《刑法修正案(十一)》回应社会关切,增设负有照护职责人员性侵罪,在一定程度上加大了对该类犯罪的打击力度。但结合司法实务,对于监护性侵害案件中未成年被害人的保护现状,仍存在制度缺陷,需要配套措施和立法的进一步完善,以保护被害人一生的权益。

---

* 杨叶,江苏省淮安经济技术开发区人民检察院检察官助理;茆文秀,江苏省淮安经济技术开发区人民检察院检察官助理。

一、监护性侵害的危害及被害人的保护现状

本文中的监护性侵害行为，参照2014年12月18日最高人民法院、最高人民检察院、公安部、民政部联合出台的《关于依法处理监护人侵害未成年人权益行为若干问题的意见》（以下简称《监护人侵害意见》），是指父母或者其他监护人性侵害未成年人的行为，可能涉及的罪名有强奸罪、猥亵儿童罪、强制猥亵罪和负有照护职责人员性侵罪。

（一）监护性侵害的危害

监护性侵害具有严重的社会危害性，其会阻碍儿童形成识别、防范、预防性侵犯的本能，导致其生理和精神发生双重损害，对其未来身体和大脑发育、个人成长、健全人格形成、人际关系维系等，都将发生持久侵害或负面影响，会导致儿童对性行为形成习惯心理，令儿童长大后对性行为充满罪恶感、焦虑感、羞耻感或常年处于深切的痛苦中，并为此付出终生、沉重的代价。①

与家庭外的成员猥亵儿童案件相比，家庭成员中的长辈猥亵晚辈，甚至是父亲猥亵子女的行为，会令儿童认为家庭是一个悲惨、痛苦、无助、绝望的地方，这使儿童身心遭受更加严重的创伤。②

（二）监护性侵害案件被害人的保护现状

随着我国持续加大对性侵未成年人犯罪的打击力度，针对未成年被害人的司法保护日趋完善，建立了一站式询问、心理干预、被害人救助等未成年被害人保护机制，而监护性侵害案件作为性侵未成年人犯罪案件中的特殊类型，有其特有的保护手段，实务中的具体做法有以下几点：

1. 合适成年人到场参与询问

监护性侵害案件中，存在法定代理人和加害人或证人身份重合的情况，无法到场参与询问。此时需要邀请合适成年人到场代为保障被害人的诉讼权益，实务中一般由妇联、关工委、未成年人保护组织等群众组织或社会团体派员参与。当前，合适成年人到场参与询问制度已经成为司法机关办理涉未案件的一般做法，尤其在监护性侵害案件中得到充分适用。合适成年人参与询问有利于在场监督司法活动，畅通双方之间的沟通并宽慰未成年人的心理。

2. 临时安置和人身安全保护裁定

该做法的依据来自《监护人侵害意见》。公安机关在出警过程中，发现未成年人身体受到严重伤害等危险状态的，将其带离实施监护侵害的监护人，护送到其他监护人、亲属等人员或单位，由上述单位和人员对未成年人予以临时保护，同时为防止该未成年人再

---

① 参见夏丽丽：《遭父性侵害女性成年后的家庭困局——一项基于系统视角和依恋理论的临床案例分析》，载《社会工作》2017年第4期。

② 参见［美］乔尔·范伯格：《刑法的道德界限：对自己的损害》（第三卷），方泉译，商务印书馆2015年版，第361页。

次受到监护人的侵害,有关单位和人员可以向人民法院申请人身安全保护裁定,阻止监护人再次接触被害人并实施侵害行为。上述措施是保护监护侵害案件中被害人的常规手段,但与普通性侵未成年人案件相比,可上升为监护性侵案件中被害人的特殊保护。

3. 对监护人开展家庭教育指导

在监护性侵害案件中,除实施性侵害的监护人或临时监护人有直接过错外,作为监护人的配偶,或为临时监护人(如祖父母、外祖父母)的子女,同样存在监护不当、认知偏差等行为。有相当一部分被害人及其法定代理人出具书面意见对实施性侵害的监护人表示谅解,要求司法机关从轻处理,甚至有法定代理人事后引导未成年被害人作虚假陈述。因此司法实务中也会对上述监护人开展家庭教育指导,对其监护不力、教育不当行为进行干预和指导,预防被害人在家庭内部再次受到伤害。

4. 申请撤销监护人资格诉讼

《民法典》《未成年人保护法》都有对撤销监护资格的原则性规定,《监护人侵害意见》具体规定了有关人员和单位有权向法院申请撤销实施监护性侵害的监护人资格,同时对于该行为法院一般不得判决恢复其监护人资格。实务中并非所有监护性侵害案件都提起撤销监护人资格诉讼,除一部分临时监护人不属于法定监护人而不需要撤销外,还有一部分原系因重组家庭而获得监护人资格,又因婚姻关系解除而丧失。

二、监护性侵案件中被害人权益保障存在的问题

上述针对监护性侵案件中未成年被害人的保护措施,在司法实务中得到广泛运用,但结合该类案件的特殊性,以及被害人成年后的生活,本文认为仍存在以下不足:

(一)其他监护人难以避免未成年人继续受到侵害

虽然我国立法在原《民法通则》《未成年人保护法》等法律中早已对撤销监护人资格作出明确的规定,但由于上述规定过于原则,没有列举出具体的撤销事由,囿于社会观念的影响及条文设计过于抽象等,难免成为事实上的“僵尸条款”。[①] 随着《监护人侵害意见》的细化以及检察权的介入,撤销监护人资格条款被激活。根据《监护人侵害意见》第36条的规定,实施监护性侵害的监护人资格被撤销后,其他监护人应当承担监护职责,但其他监护人可能难以避免未成年被害人继续受到侵害。

一方面,监护关系与夫妻关系在被害人权益保障上存在冲突。实践中,有相当一部分被害人父母婚姻关系处于存续期间,在案发后,仅有少数被害人母亲明确要求司法机关依法处理,多数原生家庭的被害人母亲会请求司法机关从宽处理。该类案件中父亲往往是家庭的主要收入来源,母亲处于无业或全职状态。为维持家庭运转,抑或家丑不可外扬的想法,本该维护未成年被害人权益的母亲,却对被害人的控告行为表示不理解。

---

① 参见钱笑、孙红旺:《未成年人监护权撤销制度的法律适用及其完善》,载《法律适用》2020年第10期。

甚至明知性侵行为而采取漠视态度,也有被害人母亲事后引导被害人作虚假陈述,企图为配偶脱罪。因此,不论从身份还是能力上,该类母亲作为其他监护人都难以单独采取有效措施避免被害人权益再次受到侵害。

另一方面,被撤销监护人资格的原监护人无法与被害人完全隔离。原监护人受其所实施犯罪罪名、犯罪情节影响,最终刑罚在有期徒刑至无期徒刑之间不等,有一部分被害人在加害人刑罚执行完毕后还尚未成年。此时加害人作为被害人现监护人的配偶,其他未成年子女的监护人,将再次回归原生家庭,不仅有再次侵害被害人的可能,还有报复打击被害人的可能。对于未成年被害人来讲,加害人的回归可能使其身心再次遭受重创。

因此,撤销加害人的监护人资格,仅依靠其他监护人采取措施避免被害人继续受到侵害,客观上存在一定的执行难度。

(二)现有被害人权益的保障仅限于未成年阶段

监护性侵害案件往往对未成年被害人造成严重的身心伤害,她们不仅可能面临社会的非议,还有可能在家庭内部得不到理解。在未成年阶段,被害人可以通过撤销监护人资格摆脱加害监护人的控制,但该撤销无法割裂血缘关系,会直接导致两个问题:

一是被害人要承担对加害人的赡养义务。即使加害人在被害人未成年阶段实施了性侵行为,该子女在成年后,仍需要赡养缺乏劳动力或者生活困难的加害人。[①] 2020 年上海市长宁区人民法院办理的某父亲索要赡养费案[②]引起社会舆论广泛关注,但单纯基于法律条文来说,案件中的女儿确实有赡养原告(幼年时的性侵加害人)的义务。

二是加害人享有对被害人的继承权。《民法典》第 1127 条规定父母为法定继承的第一顺位人之一。虽然《民法典》第 1125 条明确了继承人丧失继承权的行为,但未规定性侵被继承人丧失继承权的情形,也就是说,即使继承人曾实施了性侵被害人的行为,也并不必然丧失继承权。在特定情况下,也有继承被害人财产的可能。

我国对监护性侵害被害人的保护仅停留在未成年阶段,现有法律对其成年后的保护十分不利。试想被害人在未成年阶段,加害人不仅没有尽到抚养义务,还利用监护人身份对其实施性侵行为;被害人成年后,还要经受加害人"合法权利"的一再干扰。

(三)监护性侵害犯罪记录会牵连被害人

在监护性侵案件中,双方既是加害人与被害人的关系,又是血亲关系。我国古代立法有株连制度,如今虽早已废止,但对现有制度仍有影响,在"政审"制度中体现尤为明显。例如,《公安机关人民警察录用办法》(已失效)就曾有规定,直系血亲和对本人有重大影响的旁系血亲中有被判处死刑或者正在服刑的,不得报考人民警察。实施监护性侵

---

① 《民法典》第 1067 条第 2 款规定:"成年子女不履行赡养义务的,缺乏劳动能力或者生活困难的父母,有要求成年子女给付赡养费的权利。"

② 参见凤凰网:《女儿坚决拒绝赡养九旬老父亲 法院:支持! 不用付赡养费》,载 https://news.ifeng.com/c/7zASgessofh,最后访问日期:2021 年 8 月 16 日。

害的父母、祖父母都是法律规定的直系亲属，一名曾受到监护性侵的被害人成年后，却会因加害人尚在服刑而不能成为一名人民警察。我国在公务员招录、征兵等行业准入，军校、公安院校招生时都要对直系血亲和旁系血亲有无犯罪记录进行严格审查，被害人在监护性侵案件中是无辜的，却会受加害人血亲关系影响在上学和就业上受到一定牵连。

三、监护性侵害案件中被害人权益保障的完善

（一）辅助其他监护人共同做好未成年被害人的保护工作

1. 对其他监护人开展家庭教育指导时配合心理疏导

加害人被撤销监护人资格后，通常由其他监护人单独作为其监护人履行监护职责，由于监护性侵害的高度隐蔽性，多数其他监护人并不知道性侵事实，往往是在被害人报警或怀孕等状态下得知。随着加害人被采取强制措施、家庭成员陆续被公安机关询问，其他监护人往往难以接受家庭内部出现这样的事件，心理上也会存在焦虑、矛盾、认知偏差等状况。司法机关在关注未成年被害人的同时，应当重视对其他监护人的心理疏导。检察机关可以与法院、妇联等单位配合协作，以政府购买服务的方式，由妇联购买具有相关心理咨询资质和经验的“家庭辅导师”专业服务，向其他监护人提供一对一的专业心理辅导，提供法律知识、职业技能、亲子交流等“菜单式培训”，帮助其更好地承担抚养义务。[①] 这样不仅有助于其调整认知，激发内在动力，尝试独立承担监护责任面对未来生活，也有助于构建安全有爱的家庭关系，利于未成年被害人的心理修复。

2. 设立性侵未成年人专项救助基金

一般的性侵未成年人犯罪中，被害人及其法定代理人可以要求加害人损害赔偿，实务中有很多未成年被害人的父母基于严惩加害人的目的，往往放弃要求赔偿的权利。从加害人角度来说，我国对于性侵未成年人案件，一般不适用缓刑，即使认罪认罚也是慎用从宽处罚，因此有加害人认为就算赔偿也不能判处缓刑，也就不愿意赔偿被害人，当然也有加害人确实没有赔偿能力的情况。监护性侵害案件中，加害人与被害人之间是监护关系，无法提出损害赔偿诉求。此外，作为家庭主要劳动力的监护人实施了侵害行为被执行刑罚，导致家庭丧失主要经济来源。实务中多以国家救助、司法救助、社会公益救助等方式对被害人开展救助，需要被害人及其他监护人对相关政策有所了解，还需多次提供申请材料。对此，本文建议设立性侵未成年人专项救助基金，对遭受性侵害的未成年人实行特别救助，将遭受监护性侵害的被害人作为重点救助对象，从经济上帮助未成年被害人及其家庭摆脱因案致困的生活状态。

3. 加强学校教育引导及强制报告义务

监护性侵害案件往往发生在不健全家庭内，如单亲家庭、重组家庭，或者是留守儿

---

① 参见孙萍、尤丽娜：《监护侵害案中撤销监护权的适用》，载《中国检察官》2020 年第 16 期。

童。家庭监护失去应有的作用,甚至变成犯罪窝点。此时,被害人所在的学校作为家庭之外与学生接触最多的主体,应该切实承担起相应的责任:一是要普及性教育。学校应该通过开设适合不同年龄阶段的性教育课程,促使儿童明白哪些行为属于性侵害行为,即便是家庭成员也不可以,一旦发生要敢于说出来。二是切实履行强制报告制度。实践中,有的被害人告诉老师自己有被父亲性侵害的行为,老师没有选择报警,而是让被害人将事件告知自己母亲寻求解决,导致被害人继续受到侵害一段时间后才被发现。因此,学校应该承担起保护学生的职责,为被害学生提供急需的帮助。

4. 配套监护监督机制

加害人能多次实施性侵害被监护人的行为,其他监护人往往具有不可推卸的责任,因此,在其他监护人一人监护的情况下,也不能保证其必然履行好监护职责。对该类案件可以借鉴德国的监护监督人举报制度,监护监督人负责对监护人是否充分行使监护职责进行监督,未成年人的监护人每年至少要向监护监督人报告一次监护情况,当监护监督人发现监护人存在不当行为时,应当立即向监护法院报告,监护法院也可以随时要求监护人或监护监督人报告被监护人的情况。[①] 由有关组织或个人担任其他监护人的监督人,定期对其他监护人履行监督权情况进行监督,监督其是否按照最有利于被监护人的原则履行监护职责,特别是在实施监护性侵的加害人出狱后,对其他监护人能否采取措施避免未成年人继续受到侵害进行重点监督。对于监督人为个人的,建议由与被监督人无利害关系的人担任,且监督人应当为两人以上,以保持监督的公平公正。监护监督过程中,监督人作为密切接触未成年人的个人或组织,也应当受强制报告制度的限制,发现被监督人、被撤销监护人资格的加害人等实施或可能实施侵害被监护人行为的,应当立即向司法机关报告。

(二)对加害人实施亲权限制

1. 限制其要求被害人赡养的权利

为防止加害人以要求被害人承担赡养义务为由干扰被害人成年后的生活,建议立法对于发生监护性侵害的刑事案件,作为被害人拒绝履行赡养权的抗辩事由。一是要求被害人赡养有违公平原则。加害人利用监护人身份,对被害人实施性侵害,严重侵害被害人的身心健康,同时基于血缘关系,被害人往往无法得到加害人的损害赔偿。在此情况下,当加害人缺乏劳动能力或者生活困难后,却有权要求被害人履行赡养义务,显然有违公平原则。二是要求被害人赡养不符合社会大众的一般认知。在上文提及的赡养费案中,法院最终认为原告早年曾经对小女儿实施过严重的犯罪行为,损害了女儿的身心健康,影响了女儿此后的一生。同时考虑女儿目前的身体状况与经济能力等,认定其不同意支付原告赡养费合情合法。对此,网友大力支持。笔者认为,对于所有监护性侵害案

---

① 参见《德国民法典》,陈佐译,法律出版社 2015 年版,第 411 页。

件中的加害人,并非都需要剥夺其要求被害人赡养的权利,还要根据行为的严重后果、加害人所判处的刑罚、被害人是否有过错等因素综合判定。如在负有照护职责人员性侵罪中,可能存在被害人自愿和加害人发生性关系的情况,不能“一刀切”剥夺加害人要求赡养的权利。另外,根据民法的自愿原则,被害人如自愿赡养加害人的,法律也不应予以限制。

2. 限制其作为被害人法定继承人的权利

对于继承权问题,笔者认为,性侵监护人中有些行为与遗弃被继承人,或虐待被继承人情节严重的行为相当,但《民法典》第 1125 条没有等外规定,建议将该条第 3 项修改为:“遗弃被继承人,或者虐待被继承人情节严重等行为”,在实务操作中建议将暴力性侵被监护人或者性侵 14 周岁以下被监护人的行为纳入等外事由。对于负有照护职责人员性侵罪中,可能存在被害人自愿和监护人发生性关系的情况,对此不宜直接剥夺加害人的继承权。此外,该条款的改动依然要受该条第 2 款的限制,体现民法自愿原则。

(三)制定政审制度例外规定

相较于未成年人犯罪,判处有期徒刑五年以下的,犯罪记录都应当予以封存,作为监护性侵害案件的未成年被害人成年后,在从事相关工作时却要受到该犯罪记录的影响,显然对被害人是不合理的。本文建议在政审直系血亲和旁系血亲有无犯罪记录时,应当对录用条件作出例外规定,以上文提及的《公安机关人民警察录用办法》第 6 条为例,可修改为“直系血亲和对本人有重大影响的旁系血亲中有被判处死刑或者正在服刑的,不得报考人民警察。上述刑罚系直系或旁系血亲直接侵害报考人所致的除外”。类似公务员招录、征兵等行业准入、军校、公安院校招生时,如直系血亲和旁系血亲的犯罪记录系直接侵害报考人所致,也不应当对报考人的政审造成不利影响。该建议不仅适用于监护性侵害的被害人保护,对于其他血亲侵害类案件的被害人保护同样具有参考价值。法律不应当基于违法者所犯的错误而对无辜的被害人作出不利评价。

需要说明的是,在对报考者直系、旁系血亲的犯罪记录进行审查时,仍有以下注意点:一是直系、旁系血亲有其他犯罪记录的不受此限。即直系、旁系血亲除有侵害报考人的犯罪记录以外,还有其他犯罪记录的,报考人同样不得报考相关学校、职业。二是同一犯罪记录中有其他犯罪行为的不受此限。如直系、旁系血亲在侵害报告人的犯罪记录所依据的判决书中,还有其他侵害被害人以外的犯罪事实的,报考人同样不得报考相关学校、职业。三是直系血亲的犯罪记录不受是否撤销监护人资格影响。撤销监护人资格不是解除血亲关系,因此法定监护人即使被撤销监护人资格,依然是报考人的直系血亲,其犯罪记录对报考人仍有影响。

实质内核与实现路径：检察指导性案例效力探究

张　晨*

摘要：指导性案例的效力问题是检察案例指导制度构建的核心要素。检察指导性案例的效力，并非法律效力亦非事实上的拘束力，也不宜界定为准法律效力，其效力内核是"应当参照"适用的效力，在法律适用时处于补充性地位，主要表现为纵向的以监督指导为内在要求的刚性拘束力。司法实践中，需要延循"强制检索—相似性比对—参照适用"的程序路径保障指导性案例效力的实现。

关键词：检察指导性案例　效力　应当参照　强制检索　相似性比对

在以成文法为法律渊源的中国司法体制下，检察案例指导制度的建立是中国法治建设和司法发展进程中的一个具有里程碑性质的突破。然而，在这片以成文法法律适用为核心的司法土壤上，检察案例指导制度在植入后的生长过程中难免会遭遇效力质疑、权威性不足、旧有的职业习惯差异等阻碍，而如若让案例指导制度突破这些生长的桎梏，发挥检察指导性案例的实质价值和实践功能，需要在整个法律适用有机生命体的框架内解决指导性案例的效力问题，以效力的确立和保障推动检察指导性案例的适用以及案例指导制度的良性发展。

一、检察指导性案例效力的内核

关于我国检察指导性案例的效力，理论界和实务界逐渐衍生出"事实上的拘束力说"

---

* 张晨，江苏省徐州经济技术开发区人民检察院检察委员会委员，第四检察部副主任。本文系 2021 年度最高人民检察院检察理论研究课题"检察指导性案例效力研究"（GJ2021D06）的阶段性成果。

"准法律效力说""法律效力说"三种观点。笔者认为,中国检察案例指导制度是彰显中国法制特色的、符合中国检察权运行规律的案例制度,中国检察指导性案例的效力既不同于英美法系作为法律渊源的判例的效力,亦不同于大陆法系因法官自觉遵循先例而产生的事实拘束力,不必强行粘贴"事实拘束力"或"准法律拘束力"的概念标签,其效力内核可界定为"应当参照适用"的效力。最高人民检察院于 2019 年 4 月修订后印发的《关于案例指导工作的规定》(以下简称《规定》)构成了中国检察指导性案例的效力来源和实质基础。

笔者试从以下四个层面剖析我国检察指导性案例的效力:

第一,这种效力是一种"参照"适用的效力。何为"参照"? 其一,不是"援引"。检察官在办理案件时不能将指导性案例体现的要旨、规则直接作为法律渊源进行引用,也就是说,指导性案例不能成为案件处理结果的法律依据,尤其不能代替法律或者司法解释作为案件处理的直接依据。其二,不是"参考"。"参考"是指在研究或处理某些事物时将另一事物拿来对照,[①]有借鉴之意。"参考"蕴含着选择的色彩,即办案人员可以借鉴指导性案例体现的办案方法和法律适用规则,亦可不予借鉴、利用。"参照"的内涵基本上介于"援引"和"参考"之间,是指在办理案件时遵循、遵照指导性案例总结、提炼的办案方法、法律适用规则、法律思维、司法理念和法治精神。"参照",简言之,就是参考并照着做,与"参考"相比增加了执行层面的内容,所以办案人员在对照、借鉴指导性案例的同时要运用指导性案例总结、提炼的办案方法、法律适用规则、法律思维等去办理案件。

第二,检察指导性案例的效力是"应当参照"适用的效力,是一种刚性拘束力。"应当参照",就是指办案人员在符合条件的情况下,必须参照适用指导性案例,没有选择的权利,如果应当参照而不参照适用,就可能承担一定的消极性后果。换言之,赋予了检察官参照指导性案例办理案件的职责和义务。通常,应当做而未做所要承担的否定性后果构成了刚性拘束力的重要内容。《规定》中并未明确办案人员应当参照而不参照适用指导性案例时需要承担的否定性后果,建议增加这部分内容的规定。可以借鉴德国的"背离相告制度"——法院如果不遵循判例进行判决,必须向上级法院提交不遵循判例的书面报告,详细论证不遵循判例的理由,以便使上级法院认可。[②] 为了保证我国检察指导性案例的刚性拘束力,可以"可能引发错案"和"司法管理方面惩罚和纪律处分的危险"[③]作为检察指导性案例刚性拘束力的基础,后文将详细论述。

第三,检察指导性案例的效力蕴含着"补充"的色彩。这里的"补充"有两方面含义。一方面,指导性案例是对法律和司法解释的补充。案件的复杂性和法律的相对稳定性、

---

① 参见孙国祥:《论检察机关案例指导制度》,载《人民检察》2011 年第 13 期。

② 参见万春:《最高检指导性案例的发展历程和创新完善》,载《国家检察官学院学报》2019 年第 5 期。

③ 王利明:《民法疑难案例研究》,中国法制出版社 2002 年版,代序"论中国判例制度的创建"。

宽泛性之间的矛盾,导致办理案件时会出现各种适用法律的问题,这些问题源自法律本身规定的空白、模糊,也源自不同适用主体对法律条文的理解差异,司法解释存在的价值就是解决法律适用过程中出现的问题,但司法解释也会有疏漏和偏差,此种情况下更加具体、灵活的指导性案例就成为有益补充,与司法解释共同发挥解释法律、统一案件办理尺度、保障法律准确适用的功能。另一方面,指导性案例在适用时也处于补充性地位。检察官办理案件时不能直接参照、援引指导性案例,而应当把适用现行法律条文放在首位,唯有在法律适用或政策把握存在较大争议,或案件当事人及其辩护人、诉讼代理人或侦查机关提出参照适用指导性案例等情形下,方可检索、比对判断是否满足相似性的条件,决定是否参照适用指导性案例。也就是说,指导性案例是办案人员适用法律的补充性工具。

第四,检察指导性案例的效力辐射范围。检察指导性案例的效力及于全国各级检察机关,因为我国检察指导性案例实际上承载着重要的监督指导功能,这也是我国的案例指导制度有别于域外判例制度之处。"指导"二字内含着贯彻最高人民检察院一元意志、形成检察一体的意图和倾向。[①] 通过选编检察机关在事实认定、证据运用、法律适用、政策把握、办案方法等方面具有普遍指导意义的案例,明确类案法律适用规则和类案办理方法,统一法律适用标准,为全国检察机关依法办理案件提供指导和参考,对各级检察机关的司法自由裁量权进行监督管理,保障检察机关的法律监督职能依法公正行使,促进法律的统一正确实施。那么,检察指导性案例的效力是否及于法院?换言之,法院在审判案件时是否需要参照检察指导性案例?笔者认为,检察指导性案例的效力并不能当然及于法院。上文已述,检察指导性案例不具有法律渊源的地位,不能作为检察院案件处理决定的直接依据,自然也不能成为法院判决的法律依据。但是根据《规定》检察院可以引述相关指导性案例进行释法说理,也可以在法庭上引述其作为控诉理由,那么法院在审理案件和作出判决时就可以参考适用检察指导性案例的事实认定、证据运用、法律适用规则,延循指导性案例体现的政策把握方向。也就是说,检察指导性案例对法院没有当然的法律说服力和适用效力,审理案件的法官没有义务参照适用检察指导性案例,但是这并不意味着检察指导性案例对法院的审判活动没有任何实践价值,承办法官基于追求同案同判、公平公正判决的考量和"判决可能被推翻"的隐忧,可以参考适用检察指导性案例,也可以引述其作为判决释法说理的理由。

二、检察指导性案例效力的实现路径

在英美法系国家,判例作为正式的法律渊源而具有当然的法律效力;在大陆法系国家,判例因被法官自觉遵循而形成了事实上的拘束力。在我国,指导性案例既不具有当

① 参见牛克乾:《中国特色指导性案例制度的实然地位与应然方向》,载《人民司法》2015 年第 5 期。

然的法律效力，又未产生事实上的拘束力。司法实践中，指导性案例的重要性尚未植入检察官群体的主观意识中，办案人员也未形成遇到相似性案件进行参照适用的司法习惯。鉴于此，在确定检察指导性案例效力内核的基础上，还须通过构建检察指导性案例适用的程序机制来保障指导性案例的刚性拘束力，通过"强制检索—相似性比对—参照适用"的外部程序控制促使检察官逐渐形成参照适用指导性案例的司法习惯，从而保证检察指导性案例效力的实现。

（一）强制检索——启动指导性案例适用机制

检索案例，就是从案例库中查找到可供参照适用的指导性案例的过程。强制检索，实际上赋予了检察官于特定条件下查找案例的强制性注意义务。强制检索，是参照适用检察指导性案例的第一步，唯有查询到相关案例，才能进行相似性比对，决定是否参照适用指导性案例。因此，强制检索，开启了指导性案例适用机制的按钮。那么，办案人员在何种情况下须要强制检索案例，启动"强制检索"的条件是什么？《江苏省检察机关加强指导性案例应用的工作办法》规定了四种应当进行强制检索的情形；[①]《最高人民法院关于统一法律适用加强类案检索的指导意见（试行）》则规定了三种需要进行类案检索的情形。[②]

笔者认为，检察官强制检索指导性案例的条件可分为主动检索条件和被动检索条件。检察官正在办理的案件有下列情形之一的，应当主动检索案例：第一，法律适用存在疑义或争议的。主要指需要适用的法律规定不够明确，法律条文模糊、有歧义，或检察官之间对于所适用的法律规定的理解存在分歧等，总之承办检察官在适用现行法律和司法解释办理案件的过程中遇到了阻碍，就须检索运用指导性案例这个辅助性法律适用工具。第二，司法政策、司法理念发生了变化。即现行法律、司法解释蕴含的政策导向、法治精神和司法理念已经无法适应飞速发展的社会经济生活，需要参照适用指导性案例体现的司法政策与司法理念。如最高人民检察院发布的第二十一批指导性案例，就呈现了平等保护民营经济，努力为民营企业发展创造公平竞争市场环境的司法理念，并针对执行程序中法院超标查封、错误将企业列为被执行人的监督等问题提供了具有指导意义的新办案理念、思路和方法。那么各级检察机关在办理涉民营经济民事申诉案件时就应当主动检索指导性案例，参照适用新的办案理念和司法政策。第三，需要借鉴指导性案例总结、提炼的办案方法。虽然指导性案例并非正式的法律渊源，在法律适用时处于补充性地位，但其还承载着最高人民检察院对各级检察院进行业务指导的功能，指导性案例所提炼的办案方法的示范、指引与各级检察院对该办案方法的借鉴、遵循就是这种业务

① "案件法律适用或政策把握存在较大争议的"、"案件当事人及其辩护人、诉讼代理人或侦查机关提出参照适用指导性案例的"、"案件拟提请检察委员会讨论的"以及"其他应当检索的重大疑难复杂的案件"。

② 案件"拟提交专业（主审）法官会议或者审判委员会讨论的""缺乏明确裁判规则或者尚未形成统一裁判规则的""院长、庭长根据审判监督管理权限要求进行类案检索的"。

指导功能的具体体现。当检察官办理新类型、特殊类型或疑难、复杂的案件时,就应当主动检索指导性案例,参照适用相似案例的办案方法,保证案件办理的质量和效率。除主动检索的条件外,还有三种情形可以触发检察官被动检索指导性案例:一是案件当事人及其辩护人、诉讼代理人或侦查机关提出参照适用指导性案例,二是检察长要求进行指导性案例检索,三是拟提请检委会审议的案件,检委办审查后建议检索。这三种情形下,检察官并非出于办理案件的需要主动检索案例,而是因他人的提请、建议或要求"被动"开启指导性案例的检索。

至于检索案例的方法,无论从提升办案效率和降低司法成本的实践需求考虑,还是人工智能发展的客观条件使然,传统的人工检索都应当逐渐被智能化的"机器人"检索所取代,这就有赖于案例检索和相似性比对智能软件的研发和运用。检察官通过在搜索引擎输入一个或若干个关键名词,软件自动检索包含该名词的案例。甚至无须输入关键词,直接点击检索按钮,案例检索平台即通过智能化手段从案例库中查找、筛选与该案例具有相似性的指导性案例和典型案例,并按照相似性大小进行排列。案例检索的范围不限于指导性案例,可扩展至最高人民检察院典型案例和省级检察机关发布的案例,对于后者检察官可以借鉴、参考,但没有参照适用的义务。

(二)相似性比对——指导性案例适用前置步骤

强制检索,为办案检察官筛选出了可供参照、借鉴的指导性案例,在其参照适用具体的指导性案例前,还需要一个前置性程序——相似性比对。所谓相似性比对,是指比较指导性案例与在办案件在案件事实、法律关系、争议焦点等方面的相似之处,决定是否运用、如何运用指导性案例确立的办案规则。有别于成文法适用的演绎推理——由作为大前提的法律、司法解释和作为小前提的案件事实推导出结论即案件处理决定,相似性比对实际上是一个类比推理的过程,即根据两个对象在某些属性上相同或相似,通过比较而推断出它们在其他属性上也相同。它的基本展开模式是:案例A具有a、b、c特征,案例B也具有a、b、c特征,命题X在案例A中为真,则命题X在案例B中也为真。[①]

在对指导性案例与在办案件之间是否具有相似性进行识别判断时,二者的相似性是否需要达到高度相似?最高人民法院研究室负责人曾指出,"类似案件不仅指案情类似,更重要的是指争议焦点类似,如果案情类似,但当事人诉讼争议的焦点不类似,则不得参照。"[②]还有学者提出,在办案件在所有必要事实上与指导性案例已经判定的必要事实全部都相一致,且二者的其他不同之处不足以排斥或推翻该一致性,就可以认为二者是相似的。[③] 笔者认为,我国并非判例法国家,指导性案例并非作为办案依据而仅是释法说理

① 参见戴津伟:《法律中的论题及论题学思维研究》,山东大学2012年博士学位论文,第119-120页。

② 参见《用好用活指导性案例　努力实现司法公正》,载《人民法院报》2011年12月21日,第3版。

③ 参见于同志:《论指导性案例的参照适用》,载《人民司法》2013年第7期。

的理由，所以不应对相似性设定过于严苛的标准。指导性案例与在办案件的相似性不必达到高度相似的程度，不必要求二者的必要事实或核心要素完全一致，只要在办案件与指导性案例在基本案情、法律关系、争议焦点上有其一相似，就可以认为二者是相似的。在识别判断基本案情、法律关系、争议焦点是否相似时，可以遵循如下方法：(1)如果指导性案例具有 A、B、C、D 四个特征，在办案件也有 A、B、C、D 四个特征，或者有 A、B、C 三个特征，可以认为在办案件与指导性案例是相似的。(2)如果在办案件有 A、B、E、F 四个特征，只有 A、B 两个特征与指导性案例是相同的，就要看二者的差异之处是不是重要的，如果差异之处相比共同之处并非重要，仍可以认为在办案件与指导性案例具有相似性。如某检察院办理的案件中，甲与乙事先没有通谋，乙明知甲奸淫被害人，在甲离开之后，于该地点继续将被害人奸淫，其行为是否单独构成轮奸情节。已判案例中，杨某、熊某事先无通谋，杨某先在熊某不在现场的情况下单独强奸醉酒的被害人，后提供避孕套等工具、为熊某强奸被害人提供帮助，杨某被判决犯强奸罪，有轮奸情节。在办案件与已判案例在其中一人明知另一人会强奸被害人上是相同的，不同的是先强奸之人明知还是后强奸之人明知，较相同点而言不同点并不重要，可以认为在办案件与已判案例是相似的，检察官遂认定在办案件中的乙具有轮奸情节。(3)如果在办案件有 A、E、F、G 四个特征，与指导性案例共同之处只有特征 A，但是指导性案例的特征 A 生成了特定的法律适用规则、运用了专门的办案方法或诠释了新的司法理念，那么也可以将此法律适用规则、办案方法或司法理念运用到在办案件中；否则，不能认为二者相似而参照适用指导性案例。如最高人民检察院发布的第十八批指导性案例中的张某闵等 52 人电信网络诈骗案，其要旨包含跨境电信网络诈骗犯罪证据审查及犯罪集团的认定两方面内容，如果在办案件是人数较少的跨境电信网络诈骗案，虽争议焦点与指导性案例并不完全一致，但仍可以在境外证据的审查上参照指导性案例的办案方法，而不适用关于犯罪集团认定的内容。又如，第十批指导性案例中的周某集资诈骗案，确立了某类网络集资诈骗犯罪非法占有目的认定的标准，司法实践中办理的网络非法吸收公众存款犯罪，鉴于客观方面特征与集资诈骗罪高度相似，就可以在办理时借鉴关于非法占有目的的认定规则。①

(三)参照适用——指导性案例效力实现的终局环节

经过“强制检索”和“相似性比对”两个前置性程序后，如果得出在办案件与指导性案例具备相似性的结论，承办检察官就应当参照适用该指导性案例办理案件，或运用指导性案例确立的事实认定、证据审查、法律适用规则，或遵循指导性案例体现的政策方向、司法理念，或使用指导性案例总结、提炼的办案方法。参照适用指导性案例的，应当在案件审查报告中，明确载明案例号、名称、要旨、参照适用的理由以及参照适用的规则、方

---

① 参见董凡超：《指导性案例让检察官办案更踏实》，载 http://www.workercn.cn/32843/201812/21/181221105644142.shtml，最后访问日期：2022 年 1 月 10 日。

法。这实际上对参照适用指导性案例的检察官施加了显性的形式要求。对于习惯了成文法演绎推理的检察官们来说,以类比推理作为运行模式的指导性案例适用成为亟须掌握的业务技能。检察官需要立足于法律的基本精神、立法目的和预设价值,心中永远充满正义,目光不断往返于指导性案例与在办案件之间,确保运用指导性案例进行法律推理的实质合理性,[①]推动在办案件法律适用及处理结果的正当性。

正向的程序设置尚不足以保证指导性案例的刚性拘束力,这就需要通过反向的程序控制确保指导性案例效力的实现。所谓反向的程序控制,即在满足指导性案例与在办案件相似性的前提下,承办检察官拟不参照适用指导性案例时需要履行的程序及承担的责任。第一,拟不参照适用指导性案例的,应当提请检察官联席会议讨论,并报部门负责人和分管领导审核后,由检察长决定;检察长认为有必要的,提请本院检察委员会审议决定。这种程序控制看似烦琐,实则确有必要。指导性案例适用的前提是检察官在适用法律、司法解释办理案件时遇到了问题,难以作出案件处理决定,无法进行正常的演绎推理而必须借助案例适用的类比推理作为补充,这种情况下若检索到具有相似性的指导性案例却不参照适用,极有可能影响案件办理的质量和效果,由检察长决定或检察委员会审议把关是应有之义。第二,办案检察官应当参照而不参照适用指导性案例的,应当在审查报告中说明不参照适用的理由;上级院对下级院具有相似性但无正当理由不适用指导性案例的,重点进行分析研判,必要时可以责成有关承办检察院说明情况。不参照适用的理由,包括检察官认为在办案件与指导性案例不具有相似性的分析,虽具有部分相似性但不宜参照适用的原因,以及指导性案例与新颁布的法律或司法解释冲突、与新发布的指导性案例存在矛盾等情形。第三,对于应当参照而未参照指导性案例导致发生错案的,应当依照检察官惩戒制度追究相应责任。根据《关于完善人民检察院司法责任制的若干意见》的规定,检察官在司法办案中有重大过失,怠于履行或不正确履行职责,造成错案发生的,应当承担司法责任。在符合条件的情况下,检索并参照适用具有相似性的指导性案例是检察官的职责和义务,如果检察官因为疏忽大意在应当参照适用指导性案例时未参照适用,或轻信不参照适用指导性案例也能处理好案件,最终导致错案发生的,即符合上述构成司法责任的情形,应当对其适用检察官惩戒措施。这就是以责任、惩戒这种负强化的手段促使检察官保持适用指导性案例的警觉状态,逐渐形成以指导性案例的适用弥补成文法法律适用欠缺的职业习惯。

---

① 参见于同志:《论指导性案例的参照适用》,载《人民司法》2013 年第 7 期。

行政检察指导性案例司法实务应用拓展路径

杨　翔[*]

摘要:高质量案件来源少、约束力有局限、偏重指导检察业务以及司法人员成文法惯性思维等,造成行政检察指导性案例尚未得到良好的实务应用。可以从完善案件质量评价和保障机制、规范参照适用规则、健全行政检察管辖制度等方面提升案例高质量来源,强化检察机关内部实务应用;从健全最高人民法院、最高人民检察院(以下简称"两高")联合发布案例机制、构建检察指导案例数据分析机制、健全行政检察和行政行为衔接机制等方面拓展检察机关外部实务应用。

关键词:行政检察　指导性案例　实务应用

一、行政检察指导性案例的功能和特点

(一)行政检察指导性案例的功能

多年来,行政检察工作随着检察机关的发展、废止、恢复重建和改革发展,经历了从"法条"职能到可实务操作的实质权能的转变,从民事行政检察职能混合行使到行政检察职能独立行使的转变,以及从对生效裁判结果单项监督到对行政诉讼全面监督的转变。当前,行政检察工作在理论和实务中都被赋予和体现了新的独特的功能,行政检察的核心是诉讼监督,贯穿行政诉讼活动全过程,既有结果监督,也有程序监督,还具有既监督人民法院公正司法,又促进行政机关依法行政的"一手托两家"功能。①

结合行政检察工作的特点和检察指导性案例的功能,行政检察指导性案例具有其独特的价值:一是约束、规范、统一行政司法活动。我国检察权本身定位为司法权,检察指导性案例首先对检察机关内部能够统一行政检察工作上下一体适用法律、规范司法办

---

*　杨翔,江苏省泰州市姜堰区人民检察院检察委员会专职委员。

①　参见2021年2月23日最高人民检察院举行"加强行政检察监督　促进案结事了政和"新闻发布会"文字实录"内容,载最高人民检察院网站。

案，另外，行政检察具有诉讼监督功能，对人民法院的行政审判、执行等诉讼活动也有约束和规范作用。二是促进依法行政。行政检察除了对行政诉讼的监督之外，还有对行政诉讼所涉行政行为进行监督的职能，行政检察指导性案例通过对案件中涉及的具有普遍性的同类或常见的违法行政行为监督过程、监督理念、监督依据进行深入阐述，对行政机关严格依法履行相关行政职能具有推动作用。三是引导行政相对人依法行使权利、承担义务。行政检察"一手托两家"的特点，不仅体现在法院和行政机关这"两家"，而且体现在行政机关和行政相对人这"两家"，行政检察指导性案例对于行政机关行政行为正确、人民法院司法处理正确的阐述和说理，也是对同类问题释法说理的一种体现，能够引导行政相对人处理同类或类似问题时依法行使权利、承担义务。

（二）行政检察指导性案例的特点

2019 年 9 月 9 日和 2021 年 9 月 27 日，最高人民检察院先后发布第十五批、第三十批指导性案例，共有 9 例指导性案例，分别为检例第 57 号至第 59 号和第 116 号至第 121 号，是自 2010 年 12 月 31 日至 2022 年 2 月 21 日共三十四批 140 例检察指导性案例中仅有的行政检察指导性案例，填补了行政检察指导性案例空白。通过相关数据进行分析，行政检察指导性案例呈现以下特点：

一是数量占比少。在已发布的 140 例检察指导性案例中，刑事检察指导性案例共 97 例，占比 69.3%；公益诉讼检察指导性案例共 16 例，占比 11.4%；民事检察指导性案例共 18 例，占比 12.9%；行政检察指导性案例共 9 例，占比仅有 6.4%。

二是监督类型不全面。行政检察案件包括行政诉讼监督以及案涉行政行为监督两大类型，其中行政诉讼监督又有裁判结果监督、审判行为监督、执行活动监督三小类。检例第 57、116、117、118、120 号是行政裁判结果监督案件，检例第 58、59、119 号是行政执行监督案件，检例第 59、121 号还包含行政违法行为监督。9 例指导性案例仅涵盖四类行政检察监督案件中的三个类型，缺少行政审判行为监督案件类型。

三是所涉行政行为的覆盖面小。北大法宝司法案例编辑组对 1985 年至 2018 年"两高公报"发布的行政类司法案例进行了数据分析，142 件案例共涉及 23 类行政管理范围和 18 类行政行为种类：23 类行政管理范围中，城乡建设数量最多，有 20 例；其次是资源、商标、专利、劳动和社会保障、公安领域，均在 10 例以上。18 类行政行为中，行政处罚案例数量最多，有 33 例；行政裁决、行政确认案件数量次之；行政强制、行政复议、行政规划也均在 5 例以上。[①] 这些公告案例基本覆盖了行政行为的常见、典型类型。9 例行政检察指导性案例，仅涉及行政征收、行政处罚、行政许可三类行政行为类型，涉及的行政管理范围也多为房屋征收补偿，相对常见和典型的行政管理范围和行政行为种类而言覆盖面不广。

① 参见北大法宝司法案例编辑组（郭美娜、梁雪钰、徐文君）：《"两高公报"历年行政类司法案例数据统计分析报告（1985—2018 年）》，载北大法宝《案例报告》2019 年第 3 期（总第 10 期）。

二、行政检察指导性案例实务应用现状

(一)行政检察指导性案例实务应用的问题

由于隐性援引指导性案例的情况不便考证,笔者结合行政检察指导性案例被显性援引的实务数据,对行政检察指导性案例实务应用方面存在的问题进行归纳分析。在“12309 中国检察网”分别以“检例”“指导性案例”“指导案例”等为关键词检察公开信息,发现有 12 份刑事检察案件的不起诉决定书、刑事抗诉书等法律文书中参照检察指导性案例,1 份刑事抗诉书有参照法、检两家联合发布指导案例的表述(但未列明案例号),另有 26 份刑事检察法律文书参照的是法院指导案例或审判参考案例等,未发现有行政检察案件参照行政检察指导性案例的实例。另外,在“中国裁判文书网”以“指导案例”等为关键词检索公开的行政案件裁判文书,检索结果显示截至 2022 年 2 月 21 日共 1564 份行政案件裁判文书援引人民法院指导案例的判例规则进行说理,未发现行政诉讼和执行案件援引行政检察指导性案例的实例。同样均未发现行政机关在实施行政行为、参加诉讼或申请行政非诉执行等履职过程中援引应用行政检察指导性案例的实例。

(二)行政检察指导性案例实务应用问题的原因分析

1. 高质量的案件来源较少。当前行政检察工作仍处于发展阶段,一方面,整体办案数量相比人民法院行政案件数量极少,如 2016 年至 2019 年全国人民法院一审行政案件的审结数合计 167.3 万件,2018 年至 2020 年全国检察机关行政裁判结果监督案件合计仅 826 件。[①] 另一方面,行政检察人员特别是基层行政检察人员业务实践少、理论基础薄弱,专业化程度不高,实务中缺乏高质量的行政检察监督案件。行政检察案件整体数量少、质量低,行政指导性案例缺乏高质量案件来源,所以当前行政检察指导性案例呈现数量少、监督类型不全面、行政行为覆盖面小等数据特点。

2. 检察指导性案例的约束力有局限。2019 年 4 月 4 日,最高人民检察院印发《关于案例指导工作的规定》,该规定将原规定的“可以参照”修改为“应当参照”,赋予了检察指导性案例事实上的强制约束力,检察机关办理类似案件均应当参照指导性案例。但对于如何确定所办案件是不是类似案件,并没有规定强制检索、对比的要求。另外,该规定关于检察委员会审议案件时办案检察官“报告说明”参照适用情况的规范要求,有研究者也认为该要求“不能涵盖全部案件办理过程”。[②]

3. 偏重指导行政检察办案。从 9 例行政检察指导性案例的指导意义等内容看,指导意义中列明的均为检察机关办理类似案件过程中可以或者应当如何履行职责,以指引检

---

① 参见 2017 年至 2020 年《最高人民法院工作报告》,2019 年和 2020 年《最高人民检察院工作报告》。

② 参见天津市人民检察院课题组:《检察案例指导制度:运行分析与完善建议》,载《中国检察官》2020 年第 1 期。

察机关开展行政检察工作为主要目的,偏重检察实务功能而轻"它行为"引导功能,促进检察机关外部包括人民法院、行政机关、行政相对人等各主体行为规范的功能未有体现,导致未发现检察机关以外的各类主体援引适用行政检察指导性案例的实例。

4. 成文法惯性思维的阻碍。我国属于成文法国家,长期以来司法人员形成了成文法的惯性思维,在司法过程中往往只注重适用法律法规中的规则,即便是法官援引参照适用的最高人民法院指导性案例在全国法院办结千万级案件中的比例也相当低,[①]而行政检察人员也由于这样的成文法惯性思维,在实务中应用指导性案例的意识较弱,造成了行政检察实务中尚未发现显性援引应用的实例。

三、行政检察指导性案例实务应用的拓展路径

(一)检察机关实务应用的拓展路径

1. 健全完善案件质量评价和保障机制。有研究者认为,检察机关办理案件的质量目标包括专业目标和社会效益目标两方面,专业目标是初级目标,即检察办案必须做到事实清楚、程序合法、定性准确、证据确实充分等;社会效益目标是高级目标,即检察办案不能就案论案,要追求较好的社会反映和社会意义,力求将办案的法律效果和社会效果有机统一,为经济建设和社会稳定的大局服务。[②] 基于上述理论研究成果,广义上的检察案件质量应当包括效率、质量和效果,效率主要指法定期限内除因法定事由外应当办结案件,质量主要指案件办理的结果是否与意见建议相符(狭义的案件质量),效果主要是指案件办理的社会各界评价度(检察贡献度)。从这三个层面构建案件质量评价机制的基础上,健全完善检察业务部门提升质效、检察人员实训强基、案件管理部门管控质量、检务督察部门管控效率、司法行政部门服务提升效果等多维度的案件质量保障机制,从整体上提升案件质量,为指导性案例提供高质量的案件来源。

2. 完善规范检察指导性案例的参照适用规则。规范指导性案例的参照适用规则,必须立足于指导性案例不同于成文法、也不同于英美法系国家判例法的独特属性,既要保证指导性案例的参照适用,也不能将指导性案例等同于成文法。指导性案例适用规则的作用在于充分有效参照指导性案例对办理的案件释法说理,而不能将其等同于法律法规直接作为处理依据。在此基础上,一是强制要求检察官在办案时对指导性案例进行检索,并必须在内部法律文书说明检索情况以及是否参照的理由;二是对于应当参照适用的案件,必须在外部法律文书中显性适用;三是将是否参照指导性案例的情况纳入检察官联席会讨论内容。从这三个方面完善指导性案例的参照适用规则,明晰检察人员参照

---

① 参见《最高人民法院指导性案例司法应用年度比较分析报告——以 2011—2019 应用案例为研究对象》,载北大法宝《案例报告》2020 年第 2 期(总第 34 期)。

② 参见"案件质量保障制度研究"课题组(叶青、胡敏、项谷、曹坚、何乃刚):《论检察机关案件质量保障制度的发展与完善》,载《华东政法学院学报》2004 年第 4 期(总第 35 期)。

适用的方式方法，提升检察实务的应用度。

3. 健全完善行政检察案件管辖制度。可以从规则制度层面进一步健全完善行政检察案件管辖制度：一是变更地域管辖规则要求，针对基层法院集中管辖问题，直接由参加诉讼的行政机关或行政相对人所在地基层检察院受理行政检察监督案件；二是健全案件交办督办机制，针对行政裁判结果监督案件"倒三角"问题，市级以上检察院可以将案件指定给行政案件当事人所在地的下一级检察院办理，并跟踪督办。通过管辖制度规则的完善，推动各地区行政检察实务素能和案件数量的均衡发展，整体提高行政检察办案效率，为指导性案例提供更充沛的数量来源。

（二）检察机关外部实务应用的拓展路径

1. 健全"两高"联合发布指导案例机制。《最高人民检察院关于案例指导工作的规定》从制度上确立了"可以商有关机关就互涉法律适用问题共同发布指导性案例"，在现行法律规定框架下，仅有最高人民检察院和最高人民法院具有发布指导性案例的资格，所以联合发布指导性案例的主体目前限于"两高"，最高人民检察院规定"商有关机关"应是为将来拓展指导性案例发布主体预留空间，应当在此基础上完善联合发布指导性案例机制。一是融合"两高"指导性案例产生发布的程序、统一时间、统一步骤，二是完善统一"两高"指导性案例的内容体例，三是统一规范参照适用要求和失效等情形。通过制定联合发布指导性案例的规范要求，统一法、检两家司法见解，提高人民法院的参照适用率。

2. 构建检察指导性案例数据研析机制。法院指导性案例的数据分析报告非常丰富，而检察指导性案例的数据分析报告相比极其缺乏，亟须检察机关自主构建检察指导性案例数据分析研究机制。《最高人民检察院关于案例指导工作的规定》已经提出建立指导性案例数据库，检察机关内部业务系统 2.0 版本也已经上线指导性案例数据库检索和推送功能，但检察系统外的主体可以检索、查询的数据库尚未建成。笔者认为，在逐步建成健全检察指导性案例数据库的基础上，应及时构建检察指导性案例数据的智能统计分析系统，采用"智能统计分析 + 人工分析研判"的模式，由智能系统完成并提供统计分析数据，研究人员结合系统的数据对特定案件进行实务应用和理论研究，推动检察案例指导制度的不断发展。

学术综述

江苏省法学会刑事诉讼法学研究会2021年年会综述

狄小华　刘文轩*

2021年11月18日到19日，江苏省刑事诉讼法学研究会主办，江苏省人民检察院、泰州市人民检察院等单位承办的江苏省法学会刑事诉讼法学研究会2021年年会在泰州举行。与会专家学者分别就"认罪认罚从宽制度实施相关问题""企业刑事合规问题""羁押必要性的理论与实践问题""非法集资犯罪涉案财物处置问题""电信诈骗犯罪证据问题""刑事司法制约监督问题"六个议题展开研讨。

一、认罪认罚从宽制度实施相关问题研究

对于该议题，年会共收录论文30篇，其中8篇来自法院系统，19篇来自检察院系统，3篇来自律师群体。

（一）认罪认罚从宽制度下被追诉人诉讼权利保障

虽然认罪认罚反悔权是自愿性的应有之义，但是随意反悔不利于效率价值的实现。对于反悔权的规制，宿迁市宿豫区人民检察院蔡月明提出可从强化值班律师的有效帮助、降低口供依赖、禁止司法机关恶意报复三个方面着手。南京市江北新区人民法院徐天兵、孙任嫱，南京江北新区人民检察院周赛认为，从保障被追诉人诉讼权利、明确量刑优惠幅度两方面加强前期预防；从建立庭前认罪审查程序、强化值班律师有效帮助两方面完善中期保障；通过区分对于被追诉人撤回认罪答辩的处理以及对于被追诉人提起上诉的处理以设立后期约束。对于检察机关能否单方拒绝或撤回认罪协商问题，镇江市京

---

* 狄小华，南京大学法学院教授，博士生导师；刘文轩，南京大学法学院博士研究生。南京大学法学院姚童童、塞里扎提、邱长能对本文也有贡献。

口区人民检察院杨宇、周文龙、戴有举认为,检察机关负有保障被追诉人在量刑协商中获得量刑优惠的义务,只有在特殊情况下,检方才可拒绝被追诉人的协商请求。

对于认罪认罚案件中被追诉人的上诉权保障抑或限制问题,海安市人民法院张文君、浙江省舟山市公安局许亚超认为,从上诉权属性等出发,应保留认罪认罚案件被追诉人的上诉权。宿迁市中级人民法院戴建军、陈青认为,应当适度限制上诉,为此可从构建上诉事由审查机制、突破上诉不加刑原则两个方面重塑上诉制度。对于检察机关抗诉应对被追诉人上诉问题,宿迁市人民检察院刘兆东、胡浩然等认为,检察机关一般应当以量刑根据发生客观变化导致量刑畸轻为由启动抗诉程序,权利保障到位的,应当提起抗诉树立典型,保障诉讼效率;反之,应秉持抗诉谦抑理念,以抗诉错误为由撤回抗诉。

(二)认罪认罚从宽制度在特殊案件中的适用问题

建湖县人民检察院征汉年、彭婧结合实践,表明重罪案件的认罪认罚呈现出被追诉人认罪认罚的主观认同较低,重罪案件认罪认罚适用范围模糊不清,认罪认罚效果难以把握,反悔率较高。建议科学划定案件范围、明确从宽幅度和原则、确保值班律师深度参与、建立有效的从宽监督机制、重塑舆论引导机制。无锡市人民检察院邵宁认为,认罪认罚从宽制度在陈年命案中的适用更能体现公正与效率的司法价值、更好满足"化解社会矛盾"的社会治理需求、契合制度本身及司法政策之规定、符合传统法及比较法的司法实践,建议从切实转变理念、明确适用条件、落实权益保护、优化量刑协商、酌减庭审程序五个方面推动。无锡市梁溪区人民检察院周庆圆认为,性侵未成年人案件适用认罪认罚从宽制度在实践中存在定罪依赖被追诉人认罪、量刑建议尺度不统一、被害人权利保障不到位等问题,建议正确把握"从宽"与"严惩"、积极发挥检查"主导"作用、深入释法说理保障办案成效。

(三)量刑建议的形成与采纳机制

盐城市大丰区人民法院吴丹、钱智刚认为,认罪认罚从宽制度中法检权力博弈下的"冲突"在于检察主导与审判中心的冲突和求刑权与量刑权的冲突,冲突解决之关键在于在个案中找到两大权力的平衡点,实现检察主导与审判中心在刑事诉讼中的互相融合协作。镇江市润州区人民检察院张东生认为,量刑建议精准化,利在于最能体现控辩双方的协商合意、有助于促进控辩双方达成协议、契合繁简分流的诉讼改革目标;弊在于具有导致非自愿性认罪的风险、不当侵害被害方利益的风险、难以应对诉讼新情况的风险;建议程序方面全面收集量刑事实和充分听取辩护意见,实体方面确定量刑建议形成方法和量刑建议标准。南京市高淳区人民法院商开平通过实证分析,认为量刑协商过程不透明、诉审双方对量刑情节的具体适用认识差异等是精准化量刑建议未被采纳的主要原因,建议在制度框架内构建独立的量刑协商规程、量刑"容忍区间"规程、错案追责负担分摊规程,以保障量刑建议机制健康运转。

（四）认罪认罚从宽制度与相关制度（技术）的关联

新沂市人民检察院张婷婷认为，刑事和解制度与认罪认罚制度的区别与共生关系，导致刑事和解制度的适用范围过窄、被害人影响弱化、量刑重复评价风险、案件处理方式模糊，建议适当扩大适用范围、给予被害人法律帮助、建立梯度量刑规则。宿迁市宿豫区人民检察院朱莉认为，将认罪认罚与追赃挽损相结合，不仅能够有效打击犯罪，而且能够及时挽回被害人的经济损失，维护人民群众的合法权益。南京江北新区人民检察院余红、王莉、李业青认为，区块链特有的信任原理与认罪认罚从宽制度的司法互信难题具有契合的可能性，检察机关可以尝试运用区块链技术的点对点传输、共识机制、分布式存储等功能，探索通过"守门人平台"、"智慧区块链存证"以及"司法确权按钮"的方式，建立区块链技术为基础的刑事诉讼流程节点信任框架。

二、企业刑事合规问题研究

该议题共收到论文22篇，其中2篇来自法院系统，11篇来自检察系统，2篇来自公安系统，1篇来自高校，6篇来自律师队伍。

（一）企业刑事合规基本内容

张家港市人民检察院吴晓敏认为，应着重考察刑事合规的功能与局限性、犯罪的社会危害性和社会影响力。江苏冠文律师事务所李美佳、陈豪认为，"程序出罪"不能超出本国实体法理念和原则的承重范围，不能明显背离刑事归责框架，只能限于轻罪，同时要考虑其他可以使企业责任减轻的条件。溧阳市人民检察院钱鹏认为，针对小微企业，制订合规计划要坚持基本与适度标准，内容要与其经营规模、人力资源、违法风险点相适应，重点放在针对涉嫌犯罪事项的专项风险识别计划，不强求系统管理制度体系。南京审计大学温家珠认为，企业规模不同，对于合规成本承受能力则不同，制订合规计划时应有所区分；针对小微企业标准可以适当放低，针对大型企业要高标准。

（二）第三方监管机构在企业刑事合规中的作用发挥

张家港市人民检察院吴晓敏认为，现行立法中对第三方监管的规定相对宏观，需要进一步细化，建议要确保第三方监管人员的专业性、独立性、公正性和随机性，为监管人员开展工作提供必要的保障；设立合规专项资金，资金账户日常由工商联管理。泗阳县人民检察院刘红雨提出，要落实第三方监督机构责任追究机制，严厉打击权钱交易，做到权责一致。如皋市人民检察院朱志军、范梦洋认为，各地应根据实际情况，将本地具体负责营商环境的部门纳入第三方机制管委会；由地级市统一建立第三方监管人员名单；合规费用原则上应由企业承担；对于中小微企业，第三方只收取必要费用且由检察机关支付。西南政法大学丁胜明、张家港市人民检察院邓根保等认为，对于企业的违法违规行为应分级处置：比较严重的违规行为，要及时向合规委员会报告；相对较轻微的违规行为，可以只向第三方监督机构报告并督促其改正；若该行为具有单位犯罪的性质，影响到该企业整改意愿的真实性，检察机关可以根据情况终止合规程序并提起公诉。

（三）检察机关在企业刑事合规中的作用发挥

南通市崇川区人民检察院章建生、任留存、刘俊杰提出，检察机关要综合运用现有权能，借鉴国外经验，引导刑事合规地发展。泰州市人民检察院丁建玮、张咏臻等认为，企业刑事合规应在检察机关起主要推动作用的基础上推动有关部门协同合作，提升企业刑事合规整体效能。江苏冠文律师事务所律师孙贯中、陈志敏提出，按照"行政先行""出行入刑""行刑共建""出刑入行"的顺序，实现行政程序与刑事程序的衔接。

（四）律师在企业刑事合规中的作用发挥

江苏法德东恒律师事务所曹小寅等提出，合规不起诉制度的推行需要律师的大力支持，律师要恪守职业道德，保证企业正常生产经营、协助检察机关惩罚预防犯罪，以及参与社会治理需要的动态平衡。江苏三法（扬州）律师事务所马环宇认为，在具体进入刑事合规程序后，律师可以在沟通协议、企业合规建设、评估处理三个环节中发挥作用。

（五）企业刑事合规与相关司法制度的勾连

盐城市人民检察院姜锴明认为，对于大型企业应适用附条件不起诉制度，附条件不起诉能够将企业置于检察机关监管之下，同时并行第三方监管，有利于促进合规计划的落实；对于中小微企业采用相对不起诉，督促其完善管理制度，制订合规计划；针对企业的负责人，根据其认罪认罚态度，可以并行适用认罪认罚从宽制度，激励其配合企业合规工作的展开。淮安市中级人民法院张帅认为，企业刑事合规中真实自愿认罪只是合规的前提，把认罪认罚制度作为企业刑事合规的前提，以附条件不起诉作为蓝本构建企业刑事合规机制更合理。沛县人民法院庄彬、张野、石明哲提出，企业刑事合规和缓刑制度存在差异，可能导致罪犯利用制度差异逃避监禁刑，引起适用不起诉或缓刑后企业合规情况、企业经营者配合等情况难以保障的风险，建议构建审前转处协议制度、缓刑与合规考察联合机制。宿迁市公安局宿城分局赵晓波认为，刑事合规和累犯制度在制度理念、规则根据、机能定位方面都高度契合；在企业刑事合规中并行累犯制度，不仅可以监督合规计划的执行效果，帮助实现特殊预防目的，而且可以协助分化利益同盟。

三、羁押必要性的理论与实践问题研究

该专题共收录论文 9 篇，其中 8 篇来自检察院系统，1 篇来自公安系统。

（一）羁押必要性审查之制度初衷

泰州市高港区人民检察院王莉认为，羁押必要性审查是权利保障的基本要求，羁押必要性审查应当实质化开展。宿迁市人民检察院周莉莉、刘雨萱认为，近年来羁押场所人满为患，很多看守所都属于超负荷运作，降低对轻型刑事犯罪的羁押率，更利于刑事案件的办结率和司法成本的节约。常熟市人民检察院杨子群认为，司法机关在实践中应使被羁押的被追诉人承担的刑事责任与羁押期限尽量保持一致，尽可能地减少和缩短羁押

期限。

（二）羁押必要性审查之实践难题

连云港市海州区人民检察院唐张、南京航空航天大学马荣春提出，羁押必要性审查制度中的“建议权”是符合检察机关的权力定位的，但检察机关发出了变更强制措施的建议，相应机关的采纳率往往较低，检察机关没有进一步的措施进行保障，使羁押必要性审查结果缺乏法律制度上的刚性保障。新沂市人民检察院李敏敏指出，羁押必要性审查的相关规定不明确，过于倚重传统的证据依赖意识，在司法实践中一般依据公安机关移交的案件证据来判断危险性标准，很少把在押人员在羁押期间的表现纳入考量范围，没有动态化、多元化的审查危险性标准。

（三）羁押必要性审查之完善谏言

常熟市人民检察院杨子群建议，应改变固有的“构罪即捕”“一抓到底”的传统观念，审查应当以保障被追诉人权益和确保诉讼进程顺利进行为前提。苏州市公安局苏州太湖国家旅游度假区分局叶建明提出，健全社会危险性衡量标准的正当性合理评估体系，增加对羁押必要性审查工作的考核，鼓励办案人员积极适用羁押必要性审查制度。宿迁市宿豫区人民检察院王旭建议，应当为各方参与人搭建一个公正透明的表达平台，使得各方参与人更加深入地了解有关情况，充分调动各方积极性；对于涉案的民营企业家这类特殊羁押人员，通过书面审查与听证审查相结合，更好地维护涉案民营企业家的合法权益。

四、非法集资犯罪涉案财物处置问题研究

该部分共收录论文 11 篇，其中 9 篇来自法院系统，1 篇来自检察系统，1 篇来自公安系统。

（一）非法集资犯罪涉案财物处置之困境实描

关于对涉案财物的定性，泰州市中级人民法院祝年玺提出，涉案财物的认定应当是违法所得、供犯罪所用财物以及违禁品；涉案财物除了集资获得的实物之外还包括对外置换的大量资产、股权以及各类虚拟货币。东台市人民法院颜路、丁歆指出，我国对虚拟货币还没有专门的立法，虚拟货币具有去中心化、匿名性和非法币性的特征，所以在对虚拟货币进行证据收集和有效控制时，存在实践障碍。盐城经济技术开发区人民检察院伊瑞卿提出，在处理刑民融合的案件中，民事诉讼和刑事诉讼的执行先后顺序以及对财物的处理都会对当事人的利益造成直接影响。淮安市淮安区人民法院高勇、陶明认为，标会案件中被害人单独提起民事诉讼后，刑事裁判文书就未将其列为刑事被害人，导致受偿顺序落后于刑事手段救济的被害人。

（二）非法集资犯罪涉案财物处置之困境剖析

南京市中级人民法院卞国栋、印晓红提出，我国刑事诉讼偏重追究被追诉人的刑事责任而往往忽略了对涉案财物的公正处理，社会各界包括司法机关更注重定罪量刑，忽视追赃挽损。淮安市淮安区人民法院高勇、陶明指出，法院的执行部门负责刑事财产刑的执行明确法律依据，是 2014 年《最高人民法院关于刑事裁判涉财产部分执行的若干规定》，其没有规定或规定不明确的散见于《刑事诉讼法》及相关司法解释，这些相关规定表述不具体且缺乏系统性，同时涉案财物的处置程序规定不明确，处置的主体也不够清晰。徐州市委政法委课题组认为，"两高一部"出台的相关司法解释均使用了"集资参与人"的表述，但对其法律地位没有作出明确规定；法律地位的不明确让集资参与人参与涉案资产处置的程序缺失；在财产的处置的过程中，集资参与人只能申报，没有涉案财产变价方案和分配方案参与权。

(三)非法集资犯罪涉案财物处置之优化进路

南京市玄武区人民法院方田认为，有必要对涉案财物法律法规进行梳理提升立法层次，确立侦查、起诉、审判各部门承担查控处置刑事涉案财物的方式、程序、权限；对虚拟货币等规定不明确的涉案财物出台相关法律法规，增加处置的明确性和可操作性。宿迁市中级人民法院陈以强、贾银亮、陈青认为，应当完善利害关系人救济参与的相关渠道，不仅要明确集资参与人的身份定位，还要充分保障其知情权；对不能及时参与诉讼的利害关系人以及涉案财物可以开通信息化申报平台；对遗漏没有参与到刑事诉讼的集资参与人应当允许通过民事诉讼程序进行权利救济。江苏三法律师事务所杨冬律师提出，破产清算制度不仅与非法集资案件的涉案财物处置在法律层面衔接无障碍，而且由于管理人员专业化水平高、债权申报、债权人会议和资产追回等制度，可以为妥善地处置涉案财物提供一个新的路径。

五、电信诈骗犯罪证据问题研究

该专题收录论文 16 篇，其中 10 篇来自检察系统，4 篇来自公安系统，1 篇来自高校，1 篇来自律师队伍。

(一)电信诈骗犯罪中电子证据获取

南通市崇川区人民检察院申莲凤、陈宝红、杨玉心认为，当前电信诈骗犯罪案件证据呈现出数据化趋势，对于零口供的电信网络诈骗，电子证据往往成为定案的重要依据。苏州市公安局姑苏分局吴祥认为，电子证据"取证难"表现为电子证据自身稳定性不足，容易被破坏；电子证据数量较多，排查难度较大；被害人报案时难以提供犯罪分子真实信息，给锁定嫌疑人身份带来了困难；跨国电信诈骗犯罪增多，异地取证难；办案人员缺乏相应的技术手段，制约了电子证据在犯罪中的证明作用。宿迁市宿豫区人民检察院朱媛媛提出，建立抽样模型能够有效解决受害人数众多、无法一一取证的难题，在建构模型时可以采取随机抽样与分层抽样相结合的方式，以确定合理区间。针对抽样取证，东海县人民检察院鲍尤作认为，应当在承认"粗糙证明"的基础上，结合证明的确定程度(证明力),综合计算罪量。

(二)电信诈骗案件的定性

张家港市人民检察院吴晓敏、徐晶、李晓燕从微观的角度对电信诈骗资金支付结算环节的行为定性进行研究,包括电信诈骗提供资金支付结算的行为与上游犯罪的共犯、非法经营罪、帮助信息网络犯罪活动罪的关系,以及网络技术中立行为应当如何认定。宝应县人民检察院龚明涛、胡菲提出,电信诈骗适用推定具有必要性且有法律上的依据,在适用推定原则构建证据体系时,第一层次的基础事实应当证据确实充分;第二层次的待证事实与基础事实高度关联;第三层次应基于当事人反驳建立排除性证据。苏州工业园区湖东派出所刘颖主张,应当关注团伙中的帮助犯,对于诈骗案件中具体实施拨打电话、转移和提取赃款、网络操作等部分实行行为的人如何认定和定罪,需要进一步研究;在建构证据体系时,需要针对被追诉人“是否明知”这一主观故意完善相关证据。

六、刑事司法制约监督问题研究

该专题共收集论文 8 篇,其中 1 篇来自法院系统,7 篇来自检察系统。

(一)检察权的内部监督

在检察机关内设机构改革的大背景下,如何做好检察权的内部监督制约,与会专家学者从“捕诉一体”、“少捕慎诉”以及“检察机关内部监督衔接”三个角度展开论述。南京市六合区人民检察院徐晓明、张荟认为,逮捕权和公诉权是两种性质不同的权力,为了规范“捕诉一体”,在办案权限方面对案件进行分类;在办案程序方面,以“诉讼化”要求办理批捕案件;在案件管理方面,完善办案全流程监督和案件评查机制;在内部考核方面优化考核指标。常熟市人民检察院宋传新认为,少捕慎诉慎押政策的实施在使批捕率和审前羁押率下降的同时不可避免地会带来检察人员的廉政问题,应当在案件办理全流程建立监督制约机制,包括事前树立监督意识、事中优化监督机制、事后强化监督追责等。淮安经济技术开发区人民检察院李乐、茆文秀提出,案件监管与执法督察都是检察机关内部的监督部门,案管部门侧重的是对案件办理流程的监督,执法督察部门侧重的是对办案人员的监督,二者之间既有所不同又有所交叉,二者之间应当建立衔接架构机制,促进检察机关内部监督资源优化整合。

(二)检察权的外部监督

针对外部监督问题,与会专家学者从侦查机关、审判机关以及监察机关三个角度论述了如何发挥检察权的监督制约作用。连云港市海州区人民检察院高彦锋从“派驻公安检察室”的角度论述了检察机关对侦查机关的监督,为了改变当前的困境,在思想上树立“大控方”“侦查监督为指控犯罪服务”“审判为中心”的理念,在具体工作中建立“重大疑难案件协商”“信息业务通报”“联席会议”等制度。宿迁市宿豫区人民检察院孟智、郭文明认为,立法模糊、检法衔接不畅、重视程度不够以及当事人自身能力限制等因素使自诉案件监督难以取得成效，提出通过立法，完善自诉案件监督具体程序；加强检法、检警沟通交流，主动承担其监督职责；尝试建立“担当自诉”制度，由检察机关接替无力继续进行诉讼的被害人行使自诉职能，维护被害人的合法权益。南通市海门区人民法院徐德、海门区监察委员会张敦臣认为，检察机关可以从四个方向对监察机关开展制约，一是建立监检之间关于职务犯罪案件的提前介入制度；二是检察机关可以通过证据标准制约机制提前介入案件；三是赋予检察机关不移送审查起诉的建议权，实现对事实认定和案件定性的制约；四是对于在案件移送审查起诉后按照标准缺乏羁押必要性的被调查人，可向监察机关提出解除留置措施或更改强制措施的建议。